中華古籍保護計劃

ZHONG HUA GU JI BAO HU JI HUA CHENG GUO

·成果·

（清）曹雪芹 著

脂硯齋重評石頭記庚辰本

第一册

國家圖書館出版社

圖書在版編目(CIP)數據

脂硯齋重評石頭記庚辰本：全八册 / (清)曹雪芹著.—北京：國家圖書館出版社，2017.10(2024.9 重印)

(國學基本典籍叢刊)

ISBN 978-7-5013-6272-1

Ⅰ.①脂…　Ⅱ.①曹…　Ⅲ.①章回小説—中國—清代　Ⅳ.①I242.4

中國版本圖書館 CIP 數據核字(2017)第 244481 號

書　　名　脂硯齋重評石頭記庚辰本(全八册)
著　　者　(清)曹雪芹　著
責任編輯　苗文葉
封面設計　徐新狀

出版發行　國家圖書館出版社(北京市西城區文津街 7 號　100034)
(原書目文獻出版社　北京圖書館出版社)
010-66114536　63802249　nlcpress@nlc.cn(郵購)
網　　址　http://www.nlcpress.com
印　　裝　河北三河弘翰印務有限公司
版次印次　2017 年 10 月第 1 版　2024 年 9 月第 2 次印刷

開　　本　880×1230　1/32
印　　張　64
書　　號　ISBN 978-7-5013-6272-1
定　　價　198.00 圓

《國學基本典籍叢刊》編委會

《國學基本典籍叢刊》前言

國家圖書館出版社(原名書目文獻出版社 北京圖書館出版社)成立三十多年來,出版了大量的中國傳統文化典籍。由於這些典籍的出版往往采用叢書的方式或綫裝形式,供公共圖書館和大學圖書館典藏使用,普通讀者因價格較高、部頭較大,不易購買使用。爲弘揚優秀傳統文化,滿足廣大普通讀者的需求,現將經、史、子、集各部的常用典籍,選擇善本,分輯陸續出版單行本。每書之前均加簡要説明,必要者加編目録和索引,總名《國學基本典籍叢刊》。歡迎讀者提出寶貴意見和建議,以使這項工作逐步完善。

國家圖書館出版社

二〇一六年四月

三論庚辰本(代序)

馮其庸

曹雪芹生前最完整的抄本

現存十多種《石頭記》(《紅樓夢》)的抄本中,有三種抄本署年是在曹雪芹逝世(乾隆二十七年壬午除夕,一七六三年二月十二日)之前,這三種抄本是:

一、甲戌本(乾隆十九年,一七五四年)。此本現存十六回,即一至八回、十三至十六回、二十五至二十八回。

二、己卯本(乾隆二十四年,一七五九年)。此本現存一至二十回,三十一至四十回,五十五至五十九回(五十五回、五十九回均殘剩半回),六十一至七十回(七十回回末殘)。總數是四十一回又兩個半回。

三、庚辰本（乾隆二十五年，一七六〇年）。此本現存七十八回（一至八十回，内缺六十四、六十七兩回）。

但以上三種珍貴抄本，還有不同情況，簡要點説，甲戌本雖署『甲戌』年，但此『甲戌』衹是原底本的年份，現存的甲戌本不是甲戌年原抄本，而是乾隆後期據原抄本重加『整理』後抄成的，它已是《石頭記》風行以後書賈抄賣的一種抄本（詳見筆者《論甲戌本》論文〔一〕）。己卯本是乾隆二十四年或稍後怡親王府的原抄本，但己卯本衹抄了原本上的墨抄部分，凡原本上的墨筆抄寫部分，己卯本都抄了，包括用墨筆抄寫的批語部分（詳見筆者《論己卯本》論文〔二〕）。此時曹雪芹尚健在。庚辰本是乾隆二十五年的抄本，此時曹雪芹亦健在。經研究，庚辰本是據己卯本抄的〔三〕。其抄定年代，雖不能完全確定，但總在乾隆二十五年以後若干年，因此本的用紙與己卯本完全一樣。己卯本、庚辰本都是多人合抄本，其中參加抄己卯本的人，有兩人又參加了抄庚辰本。己卯本、庚

〔一〕見《馮其庸文集·漱石集》，青島出版社2011年版。
〔二〕見《馮其庸文集·漱石集》，青島出版社2011年版。
〔三〕見《馮其庸文集·漱石集》，青島出版社2011年版。

辰本都是私家抄藏本，不是書賈抄賣本，一是因爲己卯本有避怡親王允祥和弘曉的諱；二是兩個本子都是多人合抄本，字跡美醜相差懸殊，不合書賈抄賣的要求；三是乾隆二十四年及稍後，《石頭記》（《紅樓夢》）尚未傳世，尚無書賈抄賣本行世。

所以，以上三種抄本，甲戌本是乾隆末年書賈抄賣本，且僅殘存十六回，雖然其珍貴價值仍存，但終究殘損過甚。己卯本是乾隆二十四年略後怡親王府的原鈔本，極其珍貴，但可惜也僅殘存一半稍多一點，令人遺憾。衹有庚辰本，其抄定年代當在庚辰以後若干年（也包括有可能在曹雪芹逝世之前，即乾隆二十六至二十七年），特别是它是據怡親王府己卯本抄的，等於是己卯本的覆抄本，現己卯本所殘缺的文字，庚辰本都保存己卯本的未缺原貌。且庚辰本後來又陸續增加了大量脂批。最可喜的是，這個庚辰本是當時的原抄本，尚存七十八回。其所缺六十四、六十七回，己卯本有補抄本，也有可能是嘉慶年間人補抄的，且是據曹雪芹原本抄補（詳見筆者《論庚辰本》〔二〕）。故庚辰本補上這兩回，便成爲曹雪芹生前《石頭記》早期抄本中最完整的一個本子。

庚辰本與己卯本的關係及其底本的推測

〔二〕馮其庸：《論庚辰本》，上海文藝出版社 1978 年版。

庚辰本是據己卯本抄的，這是三十七年前筆者在研究庚辰本時的意外發現，並爲此寫成了《論庚辰本》[二]一書，由上海文藝出版社出版。出版之前，先在香港《大公報》連載兩月，引起了學界的重視。

庚辰本是據己卯本抄的，有大量可信的證據，詳見拙著《論庚辰本》[三]，這裏略舉數例：

一、庚辰本與己卯本的抄寫款式完全相同。己卯本每面十行，每行三十字，每回首行頂格題『脂硯齋重評石頭記卷之』等等，庚辰本的款式與己卯本完全相同。

二、庚辰本與己卯本的回目完全相同。現己卯本實存回目四十個，這四十個回目，庚辰本與它完全相同，其餘己卯本散失的部分雖無法對證，但按其情理，也必然是完全相同。

三、己卯本全書無一條眉批，己卯本的批語，主要是正文下雙行小字批，全書共七百十七條，庚辰本與之相同者七百十六條，衹少一條。這一條，實際衹有一個字，即『畫』字。這個『畫』字在庚辰本第十九回『黛玉笑道：再不敢了，一面理鬢』的『鬢』字下，己卯本有一側寫的『畫』字，這

[二] 馮其庸：《論庚辰本》，上海文藝出版社1978年版。
[三] 馮其庸：《論庚辰本》，上海文藝出版社1978年版。

是一字評，庚辰本的抄手却忽略了這個『畫』字。因此少了一條，實際上衹少了一個字。

四、己卯本第十九回第三面第二行在『小書房名』下空了五個字，然後接寫『内曾掛着一軸美人，極畫的得神，今日這般熱鬧，想那裏自然』下，又直空到底，這一行衹有開頭的『裏自然』三字，以下全是空行。庚辰本這兩處空行，與己卯本完全相同，稍有不同的是『裏自然』三字，『自然』兩字被墨點點掉（墨點很可能是後來别人點的）。

五、己卯本第十九回末『寶玉見問，便忍着笑，順口謅道』下是一段空行，直空到底，庚辰本在『順口謅道』下，也是一空到底。再往下三行，己卯本在『寶玉又謅』下，又是一空到底，而庚辰本又與己卯本完全相同。（可查北京圖書館出版社（今國家圖書館出版社）二〇〇三年十月影印出版的《脂硯齋重評石頭記己卯本》）。

六、己卯本第二十回正文第三行下雙行小字評的第四行末尾『寶玉之情癡，十六乎，假乎，看官細評』。這個『十六乎』實在是講不通的，所以，後來己卯本上又被人用粗筆將『十六』兩字改爲『真』字，因爲『真』字的草寫，就像『十六』兩字，現在看庚辰本，竟仍舊是『寶玉之情癡，十六乎，假乎』。可見庚辰本據己卯本抄時，己卯本還未改，還是『十六乎』，今細檢己卯本，這『十六乎』的原來筆跡，還可以看得清清楚楚。

七、大家知道，在己卯本上，有避怡親王允祥和弘曉的諱，『祥』字被寫成『祥』或『祥』。而且這種避諱，在怡親王府的藏書書目《怡府書目》（抄本，怡親王府原件。有怡親王的多種印章。藏國家圖書館）上，也同樣有避這兩個字的避諱寫法。現在在庚辰本的第七十八回《芙蓉女兒誄》的末句，『成禮兮期祥』的『祥』，也與己卯本一樣，寫成避諱的『祥』字。

八、第十八回前整葉題記從文字、行款到筆跡，全部相同。

九、己卯本第五十六回末，有『此下緊接慧紫鵑試莽玉』一行小字。此行小字，並非正文，是本回抄書人抄畢後，囑咐下回接抄的人，應從『慧紫鵑試莽玉』一回接抄。誰知庚辰本的抄手，不管青紅皂白，連這一行小字，也照樣全部録入，而且還同樣作雙行小字側寫。

十、庚辰本第十九回第三面有兩處空行，與己卯本完全相同。

十一、己卯本第十八回元春點戲，『第四齣離魂』下的批語『伏黛玉死，牡丹亭中』，這八字是四字一行，雙行並列寫，下面一小横劃，與下面隔斷，然後下面再雙行寫第二段：『所點之戲劇伏四事，乃通部書之大過節、大關鍵。』庚辰本在抄寫時，不管中間横綫隔斷，祇管右邊一行直寫到底，然後再左邊一行直寫到底，變成：『伏黛玉死，所點之戲劇伏四事，乃牡丹亭中，通部書之大過節、大關鍵。』查庚辰本所抄的文字，一字不錯，但字句却完全讀不通了。把庚辰本與己卯本一對照，就可以看出庚辰本的抄手，忽略了兩段中間一短横劃，竟一氣直行連抄了。但這一錯誤，恰好證明了庚辰本是照己卯本抄的，否則不可能有這種特殊的錯誤。

根據以上這些實例，可證庚辰本確是據己卯本抄的。筆者在這裏當然是説庚辰本的墨抄部分是據己卯本的墨抄抄的（因爲當時己卯本衹有墨筆抄寫部分，没有朱批）。現在大家看到的己卯本和庚辰本，都有不少朱筆的批語，己卯本還有不少陶洙補抄的墨抄正文，其他還有甲戌本的『凡例』等等。這都是近人陶洙在一九四〇年到一九五〇年左右抄上去的，不是己卯本的原始面貌，不能作爲研究己卯本的依據。庚辰本上的不少朱批，也是在庚辰本據己卯本的墨抄部分抄成後陸續增補上去的，不是庚辰本據己卯本抄時的最初面貌。因爲己卯本當時没有抄這許多脂硯齋和畸笏叟的朱批。但庚辰本上這許多朱筆署名和署年的批語，抄録的時間較早，約在乾隆三十二年以後不久，且這些批語十分重要，爲别本所無。現存己卯本的墨抄雙行小字批裏，還殘有十多條署『脂硯』名字的批，這可證，這是脂硯齋早期的批語，此書名《脂硯齋重評石頭記》也是由於脂硯齋的一批再批。這些墨抄的己卯本上的批語也都抄入了庚辰本。

從己卯本和庚辰本，我們可以推測己卯本當時所據的底本，應該是曹雪芹的《石頭記》親筆原本，而且應該就是脂硯齋的兩次評本，所以書名用『重評』。再從第二十回正文下雙行小字批語

『真』字被誤抄成『十六』兩字，可以推知，曹雪芹的原稿，字跡近於行書或略帶草意，否則這個『真』字不會被誤認爲『十六』兩字〔二〕。同時也可推知己卯本所據確是曹雪芹原本，一是因爲當時社會上還無《石頭記》抄本流行；二是如果是據原稿以後第二手的抄本，從抄書的慣例來看，一般不會用行草來抄寫。即以現今流傳的十多種《石頭記》（《紅樓夢》）抄本來説，也都是楷書抄本，衹有字跡的優劣之異，還無用行草抄寫之例，所以，這個『真』字被誤成『十六』兩字，也不失爲我們推測曹雪芹原稿筆跡爲行書的依據。我們也可以想象，曹雪芹興到揮毫之際，也多半應以行書爲宜，不大可能一筆一筆用正楷小字的方式來寫。這雖然純屬推測，不是考證，但作爲一種推想，也或有助於讀者的思考。

庚辰本留待再思考的問題

在《石頭記》（《紅樓夢》）的衆多抄本中，筆者特别推重己卯本和庚辰本，這是因爲己卯本確是怡親王府的抄本，證據確鑿，而庚辰本又是完全據己卯本的墨抄部分抄的，連己卯本的種種抄寫特徵，都被照樣抄録在庚辰本上，現己卯本已殘缺將近一半，這殘缺部分，却可從庚辰本的墨抄

〔二〕『真』字的草寫作『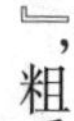』，粗看起來就是行書的『十六』兩字。

部分看到，所以，實際上庚辰本加己卯本，可以看到己卯本墨抄的原貌，而庚辰本上大量的朱筆眉批和朱筆行間批，其中有不少條署有批書年月，還有若干條墨筆雙行小字批和朱筆眉批署名『脂硯』的，還有更多的是署名『畸笏』的和單署批書年月的，這許多珍貴的批語，衹有庚辰本的批語，還保存着原批的面貌，其他抄本已經不具備這些珍貴的歷史特徵了。甲戌本上雖也有不少批，但却被删去了署名和批書年月（衹剩『甲午八月淚筆』等一二條），有些批語在庚辰本上是一整條，到甲戌本上却被拆成兩條批在兩處，有的批語還批錯了位置。由於以上種種原因，筆者特别重視庚辰本和己卯本。但要特别説明，筆者絲毫也不排斥其他抄本，特别是甲戌本，作爲研究來説，古代的抄本都是有用處的，何況甲戌本上還有别本没有，衹有它獨具的批語和正文，這些都具有特别重要的史料價值，所以，我們在特别重視庚辰本的同時，也同樣重視甲戌本。正是因爲我們重視庚辰本，所以我們還應該正視庚辰本存在的諸多值得再思考的問題。

問題之一，庚辰本第一回缺少甲戌本上獨有的四百二十九字的一段文字。庚辰本的原文是：

俄見一僧一道，遠遠而來，生得骨格不凡，豐神迥異，來至石下，席地而坐長談，見一塊鮮明瑩潔的美玉，且又縮成扇墜大小的可佩可拿。那僧托於掌上，笑道：『形體到也是個寶物了，還祇沒有實在的好處。須得再鎸上數字，使人一見，便知是奇物方妙。然後携你到那昌明隆盛之邦，詩禮簪纓之族，花柳繁華地，温柔富貴鄉去安身樂業。』石頭聽了，喜不能盡，乃問不知賜了弟子那幾件奇處，又不知携了弟子到何地方，望乞明示，使弟子不惑。那僧笑道：『你且莫問，日後自然明白的。』説着便袖了這石，同那道人飄然而去。

這一段文字明顯地存在問題：一是『石』與『玉』是分開的，石是石，玉是玉，一僧一道是坐於『石下』，然後看見一塊鮮明瑩潔的美玉。二是僧道看見一塊鮮明瑩潔的美玉，試問僧道看見的玉究竟是大的還是小的？如果是大的，那麽是他們看着它縮小的嗎？這裏没有交待清楚。如果看見的是一塊扇墜大小的小玉，那麽，他們又怎麽知道是縮成扇墜大小的呢？三是按這段文意，應該先看到的是一塊大玉，接着又看到這塊大玉縮成扇墜大小，若如此，那麽，是誰把它縮成小玉的呢？這段文字也無交待。特别要注意的是，在這段文字裏，石是石，玉是玉，僧道是坐在石邊，看見了這塊玉，玉與石完全是無關的兩件事。四是『美玉』自己並未提出要到温柔富貴鄉去，是僧道説：『携你到那昌明隆盛之邦，詩禮簪纓之族，花柳繁華地，温柔富貴鄉去安身樂業。』『石頭聽了，喜不能盡。』從上面這些情節之間的矛盾不接來看，庚辰本這段文字，明顯是存在問題的，特别是玉與石並非一體，這與下面的整個情節完全脱節，這是無論如何也説不過去的。

下面，我們再看甲戌本上的這段文字：

一日正當嗟悼之際，俄見一僧一道，遠遠而來，生得骨格不凡，豐神迥别，説説笑笑，來至峰下，坐於石邊，高談快論。先是説些雲山霧海神仙玄幻之事，後便説到紅塵中榮華富貴。此石聽了，不覺打動凡心，也想要到人間去享一享這榮華富貴，但自恨粗蠢，不得已，便口吐人言，向那僧道説道：『大師，弟子蠢物，不能見禮了。適聞二位談那人世間榮耀繁華，心切慕之。弟子質雖粗蠢，性却稍通；況見二師仙形道體，定非凡品，必有補天濟世之才，利物濟人之德。如蒙發一點慈心，携帶弟子得入紅塵，在那富貴場中、温柔鄉里受享幾年，自當永佩洪恩，萬劫不忘也。』二仙師聽畢，齊憨笑道：『善哉，善哉！那紅塵中有却有些樂事，但不能永遠依恃，……到不如不去的好。』這石凡心已熾，那裏聽得進這話去，乃復苦求再四，二仙知不可強制，……那僧便念咒書符，大展幻術，將一塊大石登時變成一塊鮮明瑩潔的美玉，且又縮成扇墜大小的可佩可拿。

仔細核對甲戌本與庚辰本的這兩段文字，便可以看出明顯的差别：一、甲戌本是『來至峰下，坐於石邊』，庚辰本是『來至石下，席地而坐』。庚辰本上此處没有提到這個『峰』（青埂峰）。

二、甲戌本是『石』『不覺打動凡心』，『便口吐人言』，要求『携帶弟子得入紅塵』，庚辰本却是僧道説：『携你到那昌明隆盛之邦，……温柔富貴鄉去安身樂業。』『石頭聽了，喜不能盡。』三、甲戌本是『那僧便念咒書符，大展幻術，將一塊大石登時變成一塊鮮明瑩潔的美玉，且又縮成扇墜大小的可佩可拿』。庚辰本却是『來至石下』，『見一塊鮮明瑩潔的美玉，且又縮成扇墜大小的可佩可拿』。這裏石頭是石頭，玉是玉，没有任何關係，這是一；原來這塊鮮明瑩潔的美玉是大是小，没有交待，但下文又説是『且又縮成扇墜大小』，那麽，原來應該是大的，否則用不着『縮小』，這樣，是誰來把它縮小的呢？也無交待。所以，實際上細讀庚辰本的這段文字，從情節上來看，是不通的，也與以後的情節無法一致。因此筆者認爲甲戌本的這段文字應是曹雪芹原文，庚辰本上的這一小段文字是失去了這段原文後補綴上去的，而且可能己卯本就已是同庚辰本一樣的文字了（按，己卯本現已失去開頭幾葉）。

那麽，己卯本和庚辰本爲什麽會失去這段原文的呢？有的研究者認爲是作者故意刪去的，筆者認爲此説未妥。這兩段文字的差别，上文已經對比得很清楚，作者怎麽可能把原來通順貫串始終的文字改成與下面情節矛盾不貫串的文字呢？還有一種説法，認爲抄書者多翻了一葉（兩面），因此脱漏了這四百多字。這個説法，是以甲戌本爲依據的。甲戌本每行十八字，每面十二行，一葉（兩面）寫滿共四百三十二字，與庚辰本所缺的四百二十九字祇差三字，從表面上看此説好像很合理，但實際上仍是不妥。因爲現在我們看到的甲戌本，並非是乾隆十九年甲戌原抄本，現在的甲戌本是乾隆末年甚或更後的抄本，且明顯是書商抄賣的本子，即周紹良先生所説的『燕鍋鋪本』。這個本子是經書商作爲商品抄賣的，它抄成的時代比庚辰本晚得多。它存在的問題很多（詳見筆者《論甲戌本》論文〔二〕），這裏擇要舉數例：一、此本版口署『脂硯齋』，當是脂硯齋的專用稿紙。大家知道，曹雪芹抄家後，窮途落魄，生活無着，哪有可能有專用稿紙。脂硯齋是曹雪芹最親近的人，脂硯齋的稿紙也就是曹雪芹的稿紙，試想曹雪芹當年寫《石頭記》有可能印專用的稿紙嗎？二、既然是脂硯齋的專用稿紙，當然是脂硯齋親筆評寫，但此書從正文到批語，錯别字甚多，絶不可能是脂硯齋的批稿，相反，這是書商藉以牟利的一種冒牌手段。三、甲戌本上有不少原是脂硯齋、畸笏叟署名署年，現今這些署年和署名，全被删去，有的批語則被抄錯或移位。如『庚辰本』第二十六回『又是誰家有異物』句下，有墨筆雙行小字批云：『幾個誰家，自北静王公侯駙馬諸大家包括盡矣，寫盡紈袴口角，脂硯齋再筆。』這段批語，在甲戌本裏却删去了『脂硯齋再

〔二〕見《馮其庸文集·漱石集》，青島出版社2011年版。

祇想景想情事想理，反復推求悲感，乃玉兄一生之天性，真顰兒之知己，玉兄外實無一人。』這段批語，甲戌本也抄在同一位置，但却把『真顰兒之知己』抄成『真顰兒不知己，則實無再有者』。第一句的意思與庚辰本的批語，完全相反，第二句則另行杜撰。如與上句『不知己』連起來，變成『不知己』到『實無再有者』，等於説寶玉與黛玉『不知己』到極點，這與原批的意思，完全相反到了極點。再有庚辰本第二十八回眉批：『前玉生香回中顰云：他有金……』這一大段文字，在甲戌本却被移作回後評，且將原批的署年『己卯冬夜』删去。

以上這些例子，都説明現存甲戌本是經過重編再抄的，它的抄成年代比庚辰本晚得多，它的原底本的行款並不是現在甲戌本的行款（詳見筆者《論甲戌本》論文〔二〕）。因此説己卯本或庚辰本抄手多翻了一葉的推測並不可靠。

綜上所述筆者認爲，甲戌本上這段文字是曹雪芹的原文，而庚辰本上的文字，應該是被抄手抄漏的，決不是作者删去的。至於是如何抄漏的，則因資料缺乏，無從確證。現在庚辰本上的這

〔二〕見《馮其庸文集·漱石集》，青島出版社2011年版。

段文字，顯然是抄漏了這一大段文字，後來又經勉強修補上去的，所以文字簡單而又上下情節不接。

值得再思考的另一個問題，是關於林黛玉的眉毛的描寫問題，下面且看有關各本的描寫：

己卯本：兩彎似蹙非蹙罥煙眉，一雙似笑非笑含露目。

庚辰本：兩彎半蹙鵝眉，一對多情杏眼。

甲戌本：兩彎似蹙非蹙籠煙眉，一雙似喜非喜含情目。

俄藏本：兩彎似蹙非蹙罥煙眉，一雙似泣非泣含露目。

以上四種抄本，俄藏本是正確的，甲戌本上句衹差一個字，下句差兩個字，而且仔細看，上句的『籠』字是後改的，原抄似有『罥』字的上部『罒』，後被塗改了，下句有五個紅方框，顯然是因爲不認識這五個字，纔預留紅框，填成似『喜』非『喜』『含情目』，『喜』字又是反復塗改，現在的『喜』字與俄藏本上的『泣』字聲音相近，很可能是抄手聽錯了讀音致誤，故也有可能甲戌本底本的文字與俄藏本是一樣的。特别是己卯本，上句完全與俄藏本一樣，下句衹差一個字，把『泣』字抄成『笑』字。最令人不解的是庚辰本的兩句，與其他各本都不一樣，按説庚辰本是據己卯本抄的，前面列舉了大量例證，但偏偏就是這兩句，與己卯本完全不一樣，這就是令人難以索解的問題，也是需要再思考的問題。

需要再思考的另一個問題是庚辰本與己卯本的異文。庚辰本是據己卯本抄的，前面已經舉了大量的例證。庚辰本與己卯本的異文，一部分我們從己卯本的暗舊朱色的改字中可以看到，在己卯本上用朱筆改過的字，到庚辰本上已是墨書正文，但這衹是部分而不是全部。特别是有一些庚辰本上的增文，在己卯本上却没有根據。如第三回正文第三行，庚辰本上在『忽遇見雨村』句下有『故忙道喜，二人見了禮，張如圭便將此信告訴雨村』這樣兩句，但這段文字，在己卯本上却没有，現在看到己卯本上這兩句的朱筆增補，是近人陶洙據庚辰本轉録過去的，不是己卯本上的改筆。同樣，第五回正文第一行『第四回中既將薛家母子在榮府内寄居等事略已表明，此回則暫不能寫矣』，這一行庚辰本上的文字，在己卯本上也没有，現有的朱筆旁補文字，也是陶洙從庚辰本上轉録過去的，不是己卯本上的改筆。己卯本究竟如何成爲庚辰本的，這一問題，筆者在拙著《論庚辰本》〔二〕裏雖然作了幾種分析，也還不能解決全部問題，仍還存有待解的問題。有的研究者認爲現在的庚辰本是據另一種己卯本抄的，其款式等等完全與現存的己卯本一模一樣，但却多了庚

〔二〕馮其庸：《論庚辰本》，上海文藝出版社 1978 年版。

辰增補的文字，所以纔有現在的庚辰本。這一設想，我認爲是不可能的，怎麽可能有與現存己卯本一模一樣的另一己卯本呢？難道那個本子上也避『祥』字、『曉』字的諱嗎？難道在第五十六回回末也多寫一句『此下緊接慧紫鵑試莽玉』嗎？難道第十八回前整葉的題記也與現在的己卯本相同嗎？現在的庚辰本與己卯本相同的特徵實在太多了，天壤間不可能再有一部與現存的己卯本完全一樣而又有『庚辰秋月定本』文字的己卯本，這是明擺着的事實。庚辰本是據己卯本過録的這一事實，是從實證中得出的，不是憑空推想出來的。所以，究竟怎樣從『己卯冬月定本』到『庚辰秋月定本』的，中間還有哪些我們未知的環節，還需要求實證，切實地來解決，而不能用空想來解決，空想是不能解決實際問題的。所以從己卯本到庚辰本，中間究竟還有哪些問題有待搜集資料，做更深一步的研究，這也是值得我們再思考、再研究的問題。

從對學術研究要認真嚴肅、實事求是、一絲不苟的角度來説，無論是己卯本、庚辰本、甲戌本，還是其他種種本子，都還有不少問題有待做進一步的研究，『紅學』是不可能止步的。

對庚辰本的再認識

庚辰本是據己卯本抄的，這已有大量的事實作爲證據，並已成爲學界的共識。但更重要的是，己卯本是怡親王府的抄本，怡親王允祥是奉旨監管（照顧）曹頫的，這有長篇的雍正朱批爲證，而且雍正朱批説『若有人恐嚇詐你，不妨你就求問怡親王，況王子甚疼憐你，所以朕將你交與王子』，從這些話來看，怡親王允祥與曹家的關係是很親密的。因此，怡親王府的《石頭記》抄本，其底本衹能來自曹家，因乾隆二十四年己卯之際，《石頭記》抄本尚未外傳，其文本也尚在『重定』之際，所以怡親王府抄的《石頭記》，其底本來源衹有來自曹家，更無他途。特别是怡親王府抄寫時，是多人合抄的，所以各人抄寫衹能依據底本的原款式，不能有任何差異，因此，怡府抄本，無意中又保存了曹雪芹《石頭記》原稿的真貌。就憑這幾點，這怡府抄本（己卯本）獨有的珍貴價值就可想而知了。但是，遺憾的是怡府抄本已散失了將近一半，令人意外之喜的是《石頭記》庚辰本竟是據怡府抄本抄的，而且也是多人合抄，因此同樣保存了怡府抄本（己卯本）的真貌，而且是己卯本未散失前的全貌（衹差六十四、六十七兩回），這無異是保存了曹雪芹《石頭記》（含最初的脂評）的原稿真貌。僅從以上數點，也就可見庚辰本的珍貴價值，更何況庚辰本是己卯以後又一次的改定本，現在仔細檢讀，還可以清楚看出庚辰本的文字有據己卯本的朱筆改文改易之處。雖然還不能從己卯本上查出全部改文的文字依據，但它畢竟是己卯以後改動的文字，這是不可否認的。

以上是就《石頭記》庚辰本的正文來説的。

庚辰本還有一個重大的特點，就是有大量的朱筆批語，還有七百十六條雙行小字批，其中署脂硯名字的有十四條。朱筆批語中署畸笏名字的有四十八條，還有一些明顯是畸笏的批，但未署名的未計在内，更多的是署『壬午』『丁亥』『己卯』等署年的批，還有署『鑒堂』『綺園』『玉藍坡』等的批語，這些批語都保存着它的原始面貌，對研究《石頭記》來説，是無比重要的。特别是第七十四回回末有批云：『乾隆二十一年五月初七日對清，缺中秋詩，俟雪芹。』第二十二回回末批云：『此回未成而芹逝矣，嘆嘆！丁亥夏，畸笏叟。』第十三回眉批云：『樹倒猢猻散之語，今猶在耳，屈指卅五年矣，哀哉，傷哉，寧不痛殺。』第十三回回末眉批云：『讀五件事未完，余不禁失聲大哭，三十年前作書人在何處耶！』讀以上這些批，使你感到有如淚漬在紙，悲音在耳，如同看到雪芹的手跡一樣！但是現存的抄本中，保存批語的原始面貌的，衹有庚辰本一種。己卯本當時衹抄了墨書正文和墨書雙行小字批，還有少量的墨書回前評和回後評，没有抄朱批。甲戌本上也有不少朱批，而且有的特别重要，如『壬午除夕，書未成，芹爲淚盡而逝』條，『甲午八月淚筆』條等等，爲别本所無，至關重要。但遺憾的是甲戌本衹殘存十六回，而且所有批語，都删去了名字，所以能真正保存原批原貌的，衹有庚辰本一種。由於以上這些原因，庚辰本成爲《石頭記》（《紅樓夢》）衆多抄本中獨具原始面貌的一種，其他各種抄本，從原始性和原樣性來説，都不能與之相比。

還有一點，現存庚辰本缺六十四、六十七回，這個缺失，是從己卯本就開始的，己卯本第六十一回到七十回的總目上，就已寫明『內缺六十四、六十七回』，庚辰本的這個總目上，也同樣寫『內缺六十四、六十七回』，所以這兩回的缺失是很早的，如果説乾隆十九年已寫完八十回的主要文字的話，那麼，到乾隆二十四年，祇過了四年，還不到五年就開始缺失這兩回了。但是今存的己卯本中這兩回已有補抄本，而且據筆者的研究，這兩回補文，是據曹雪芹的原文補抄的，所以這兩回的補入，上下文情節、語言完全如同一氣，筆者在《論庚辰本》〔一〕裏有詳論，這裏不再重複。按原來的庚辰本是據己卯本抄録的道理，這兩回己卯本的補文，自應補入庚辰本，這樣庚辰本就成爲八十回《石頭記》的完璧。

儘管庚辰本仍存有若干值得再思考的問題，但這是歷史的遺跡，不可能要求歷史十全十美，何況，這正好是我們應該再思考的問題。這樣，當我們在把卷細讀這部書的時候，腦子裏預先就有了一些讓你深思的問題，這樣，你讀起來不是就更有意思了嗎？

二〇一三年三月二十九日夜十時

〔一〕馮其庸：《論庚辰本》，上海文藝出版社 1978 年版。

總目録

第一册

第二册

第三册

第四册

第五册

第六册

第七册

第八册

第一册目録

據北京大學圖書館藏清抄本影印
原書高三十一點四厘米寬十九點
九厘米

此是過錄乾隆庚辰定本脂硯齋重評石頭記。生平所見，此為第二最古本石頭記。

民國廿三年一月廿二日　胡適敬記。

甄士隱夢幻識通靈　賈雨村風塵懷閨秀

賈夫人仙逝揚州城　冷子興演說榮國府

賈雨村夤緣復舊職　林黛玉抛父進京都

薄命女偏逢薄命郎　葫芦僧乱判葫芦案

遊幻境指迷十二釵　飲仙醪曲演紅樓夢

賈宝玉初試雨雲情　劉姥姥一進榮國府

送宮花賈璉戲熙鳳　宴寧府宝玉會秦鐘

比通靈金鶯微露意　探宝釵黛玉半含酸

戀風流情友入家塾　起嫌疑頑童鬧學堂

金寡婦貪利權受辱　張太醫論病細窮源

第一回　至十回

脂硯齋凡四閱評過

石頭記

脂硯齋重評石頭記卷之

第一回

甄士隱夢幻識通靈　賈雨村風塵懷閨秀

此開卷第一回也作者自云因曾歷過一番夢幻之後故將真事隱去而借通
靈之說撰此石頭記一書也故曰甄士隱云云但書中所記何事何人自又云
今風塵碌〻一事無成忽念及當日所有之女子一一細考較去覺其行止見
識皆出於我之上何我堂〻鬚眉誠不若此裙釵哉寔愧則有餘悔又無益之
大無可如何之日也當此則自欲將已往所賴　天恩祖德錦衣紈袴之時飫甘
饜肥之日背父兄教育之恩負師友規談之德以至今日一技無成半生潦倒
之罪編述一集以告天下人我之罪固不免然閨閣中本自歷〻有人萬不可

因我之不肖自護己短一併使其泯滅也雖今日之茆椽蓬牖瓦竈繩床其晨
夕風露堦栁庭花亦未有防我之襟懷筆墨雖我未學下筆無文又何妨用假
語村言敷演出一段故事来亦可使閨閣昭傳復可悦世之目破人愁悶不亦
宜乎故曰賈雨村云云

此回中凡用夢用幻等字是提醒閲者眼目亦是此書立意本旨列位看官你
道此書從何而来説起根由雖近荒唐細按則深有趣味待在下将此来歴註
明方使閲者了然不惑原来女媧氏煉石補天之時于大荒山無稽崖煉成高
經十二丈方經二十四丈頑石三萬六千五百零一塊媧皇氏只用了三萬六
千五百塊只單〻剩了一塊未用便棄在此山青埂峰下誰知此石自經煅煉
之後靈性已通因見衆石俱得補天獨自己無材不堪入選遂自怨自嘆日夜

悲號慚愧一日正當嗟悼之際俄見一僧一道远〻而来生得骨格不凡丰神迥異来至石下席地而坐長談見一磈鲜明瑩潔的美玉且又縮成扇墜大小的可佩可拿那僧托於掌上咲道形體到也是個宝物了還只没有寔在的好處須得再鐫上数字使人一見便知是奇物方妙然後攜你到那昌明隆盛之邦詩禮簪纓之族花柳繁華地温柔富貴鄉去安身樂業石頭听了喜不能盡乃問不知賜了弟子那幾件奇處又不知攜了弟子到何地方望乞明示使弟子不惑那僧笑道你且莫問日後自然明白的説着便袖了這石同那道人飄然而去竟不知投奔何方何舍後来又不知過了幾世幾劫因有個空〻道人訪道求仙忽從這大荒山無稽崖青埂峰下經過忽見大磈石上字跡分明編述歷〻空〻道人乃從頭一看原来就是無材補天幻形入世蒙茫〻大士渺

渺真人攜入紅塵歷盡離合悲歡炎凉世態的一段故事後面又有一首偈云

無材可去補蒼天　枉入紅塵若許年　此係身前身後事　倩誰記去作奇

傳詩後便是此石墜落之鄉投胎之處親自經歷的一段陳跡故事其中家庭閨閣瑣事以及閑情詩詞到還全備或可適趣解悶然朝代年紀地輿邦國却反失落無考空〻道人遂向石頭說道石兄你這一段故事據你自己說有些趣味故偏寫在此意欲問世傳奇據我看來第一件無朝代年紀可考第二件並無大賢大忠理朝廷治風俗的善政其中只不過几个異樣女子或情或痴或小才微善亦無班姑蔡女之德能我縱抄去恐世人不愛看呢石頭笑答道我師何太痴耶若云無朝代可考今我師竟假借漢唐等年紀添綴又有何难但我想歷來野史皆蹈一轍莫如我這不借此套者反到新奇别致不過只取

其事体情理罷了又何必拘〻于朝代年紀哉再者市井俗人喜看理治之書者甚少爱適趣閒文者特多歷来野史或訕謗君相或貶人妻女姦淫凶惡不可勝数至若佳人才子等書則又千部共出一套且其中終不能不涉于淫濫以致滿紙潘安子建西子文君不過作者要寫出自己的那兩首情詩艶賦来故假擬出男女二人名姓又必傍出一小人其間撥乱亦如劇中之小丑然且环婢開口即者也之乎非文即理故逐一看去悉皆自相矛盾大不近情理之話竟不如我半世親覩親聞的這几个女子雖不敢説強似前代書中所有之人但事跡原委亦可以消愁破悶也有首歪詩熟話可以噴飯供酒至若離合悲歡興衰際遇則又追踪攝跡不敢稍加穿鑿徒爲供人之目而反失其真傳者今之人貧者日為衣食所累富者又懷不足之心縱然一時稍閒又有貪淫恋

色好貨尋愁之事那裡去有工夫看那理之書所以我這一段故事也不願世
人称奇道妙也不定世人喜悅撿書只愿你們當那醉淫飽卧之時或避事去
愁之際把此一玩豈不省了些壽命筋力就比那謀虛逐妄却也省了口舌是
非之害腿脚奔忙之苦再者亦令世人換新眼目不比那些胡牽乱扯忽離忽
遇满紙才人淑女子建文君紅娘小玉等通共熟套之舊稿我師意為何如空
空道人听如此話思忖半晌將石頭記再檢閱一遍因見上面雖有些指奸責
佞貶悪誅邪之語亦非傷時駡世之旨及至君仁臣良父慈子孝凡倫常所関
之處皆是称功頌德眷〻無窮寔非别書之可比虽其中大旨談情亦不過寔
録其事又非假擬妄称一味淫邀艷約私討偷盟之可比因毫不干涉时世方
從頭至尾抄録回来問世傳奇因空見色由色生情傳情入色自色悟空遂易

名為情僧改石頭記為情僧録東魯孔梅溪則題曰風月寶鑑後因曹雪芹於
悼紅軒中披閲十載增删五次纂成目録分出章回則題曰金陵十二釵並題
一絶云　滿紙荒唐言　一把辛酸淚　都云作者痴　誰解其中味　出則
既明且看石上是何故事按那石上書云当日地陷東南這東南隅有處曰姑
蘇有城曰閶門者最是紅塵中一二等富貴風流之地這閶門外有个十里街
街内有个仁清巷〻内有个古庙因地方窄狹人皆呼作葫芦庙〻傍住着一
家鄉宦姓甄名費字士隱嫡妻封氏情性賢淑深明礼義家中虽不甚富貴然
本地便也推他為望族了因這甄士隱禀性恬淡不以功名為念每日只以观
花修竹酌酒吟詩為樂到是神仙一流人品只是一件不足如今年已半百膝
下無兒只有一女乳名唤作英菊年方三歲一日炎夏永晝士隱于書房閒坐

至手捲抛書伏几少憩不覺朦朧睡去夢至一處不便(辨)是何地方忽見那廂来
了一僧一道且行且談只听道人問道你攜了這蠢物意欲何往那僧笑道你
放心如今現有段風流公案正該了結這一干風流冤家尚未投胎入世趁此
机會就将此蠢物夾帶于中使他去經歷、、那道人道原来近日風流冤孽
又将造刼歷世去不成但不知落于何方何處那僧笑道此事說来好笑竟是
千古未聞的罕事只因西方灵河岸上三生石畔有絳珠草一株時有赤瑕宫
神瑛侍者日以甘露灌溉这絳珠草始得久延歲月後来既受天地精華復得
雨露滋養遂得脱却艸胎木質得換人形僅修成个女体終日遊于離恨天外
飢則食蜜青菓為膳渴則飲灌愁海水為湯只因尚未酬報灌溉之德故甚至
五内便鬱結着一段纒綿不盡之意恰近日這神瑛侍者凡心偶熾乘此昌明

太平朝世意欲下凡造歷幻緣已在警幻仙子案前掛了號警幻亦曾問及灌漑之情未償趁此到可了結的那絳珠仙子道他是甘露之恵我並無此水可还他既下世為人我也去下世為人但把我一生所有的眼淚還他也償还得過他了因此一事就勾出多少風流冤家来陪他們去了結此案那道人道果是罕聞實未聞有还泪之說想来這一段故事比歷来風月事故更加瑣碎細膩了那僧道歷来几个流風人物不過傳其大概以及詩詞篇章而已至家庭閨閣中一飲一食総未述記再者大半風月故事不过偷香竊玉暗約私奔而已並不曾将兒女之真情發洩一二想這一干人入世其情痴色鬼賢愚不肖者悉與前人傳述不同矣那道人道趁此何不你我也去下世度脫几个豈不是一塲功德那僧道正合吾意你且同我到警幻仙子宮中将蠢物交割清楚待

這一干風流孽鬼下世已完你我再去如今虽已有一半落塵然猶未全集道人道既如此便随你去来却說甄士隐俱听得明白但不知所云蠢物係何東西随不禁上前施禮笑問道二仙師請了那僧道也忙答礼相問士隐因說道適聞仙師所談因果實人世罕聞者但弟子愚濁不能洞悉明白若能大開痴頑備細一聞弟子則洗耳諦听稍能警省亦可免沉淪之苦二仙笑道此乃玄机不可預洩者到那時不要忘我二人便可跳出火坑矣士隐听了不便再問因笑道玄机不可預洩但適云蠢物不知為何或可一見否那僧道若問此物到有一面之緣說着取出遞與士隐〻〻接了看時原来是塊鮮明美玉上面字迹分明鐫着通灵宝玉四字後面还有几行小字正欲細看時那僧便說已到幻境便強從手中奪了去與道人竟过一大石牌坊上書四个大字乃是太虛

幻境兩边又有一付對聯道是　假作真時真作假　無為有處有為無士隱
意欲也跟了過去方舉步時忽听一声霹靂有若山崩地陷士隱大叫一声定
睛一看只見烈日炎炎芭蕉冉冉所夢之事便忘了大半又見奶母正抱了英菊
走来士隱見女越發生得粉粧玉琢甚覺可喜便伸手接来抱在懷内鬦他頑
耍一回又帶至街前看那过會的熱鬧方欲進来時只見從那边来了一僧一
道那僧則癩頭跣脚那道則跛足蓬頭瘋瘋癲癲揮霍談笑而至及到他門前
看見士隱抱着英菊那僧便大哭起来又向士隱道施主你把這有命無運累
及爹娘之物抱在懷内作甚士隱听了知是瘋話也不去採他那僧還說捨我
罷捨我罷士隱不耐煩便抱女兒撤身要進去那僧乃指着他大笑口内念了
四句言詞道

慣養嬌生笑你痴　菱花空對雪澌〻
好防佳節元宵後　便是烟消火滅時
士隱听得明白心下猶豫意欲問他們來歷只听道人說道你我不必同行就此分手各幹營生去罷三劫後我在北邙山等你會齊了同往太虛幻境銷號那僧道最妙〻〻說畢二人一去再不見个踪影了士隱心中此時自忖这兩个人必有來歷該試一問如今悔却晚也這士隱正痴想忽見隔壁葫蘆廟內寄居的一个窮儒姓賈名化字表時飛別號雨村者走了出來這賈雨村原係胡州人氏原係詩書仕宦之族因他生于末世父母祖宗根基已盡人口衰喪只剩得他一身一口在家鄉無益因進京求取功名再整基業自前歲來此又淹蹇住了暫寄廟中安身每日賣字作文為生故士隱常與他交接當下雨村

見了士隱忙施礼陪笑道老先生倚門佇望敢街市上有甚新聞否士隱笑道非也適因小女啼哭引他出来作耍正是無聊之甚兄来得正妙請入小齋一談此彼皆可消此永晝說着便令人送女兒進去自與雨村攜手来至書房中小童現茶方談得三五句話忽家人飛報嚴老爺来拜士隱慌的忙起身謝罪道恕誑駕之罪略坐弟即来陪雨村忙起身亦讓道老先生請便晚生乃常造之客稍候何妨說着士隱已出前所去了這裡雨村且翻弄書籍解悶忽听得窗外有女子嗽声雨村遂起身往窗外一看原来是一个丫環在那裡擷花生得儀容不俗眉目清明雖無十分姿色却亦有動人之處雨村不覺看的呆了那甄家丫嬛擷了花方欲走時猛抬頭見窗内有敝巾旧服雖是貧窘然生得腰圓背厚面闊口方更兼劍眉星眼直鼻權腮這丫嬛忙轉身迴避心下乃想

這人生的這樣雄壯却又這樣襤縷想他定是我家主人常（説）的什庅賈雨村了每有意帮助周濟只是没甚机會我家並無這樣貧窘親友想定是此人無疑了怪道又説他必非久困之人如此想（思）不免又回頭兩次雨村見他回了頭便自為这女子心中有意于他便狂喜不盡自為此女子必是个巨眼英雄風塵中之知己也一時小童進来雨村打听得前面留飯不可久待遂從夾道中自便出門去了士隐待客既散知雨村自便也不去再邀一日早又中秋佳節士隐家宴已畢乃又另具一席于書房却自己步月至庙中来邀雨村原来雨村自那日見了甄家之婢曾回顧他兩次自為是个知己便時刻放在心上今又正值中秋不免對月有懷因而口占五言一律云

未卜三生願　頻添一段愁　悶来時斂額　行去几回頭　自顧風前影　誰堪月

下儔　　蟾光如有意　　先上玉人楼

雨村吟罷因又思及平生抱負苦未逢時乃有搔首對天長嘆復高吟一聯曰

玉在匵中求善價　　釵于奩内待時飛

恰至士隱走来听見笑道雨村兄真抱負不淺也雨村忙笑道此不過偶吟前人之句何敢狂（妄）誕至此　因問老先生何與至此士隱笑道今夜中秋俗謂團圓之節想尊兄旅寄僧房不無寂寥之感故特具小酌邀兄到敝齋一飲不知可納芹意否雨（村）听了並不推辭便笑道既蒙厚爱何敢拂此盛情説着便同士隱復過这边書院中来須臾茶畢早已設下杯盤那美酒佳餚自不必説二人歸坐先是欵斟漫飲次漸談至與濃不覺飛觥限斝起来当时街坊上家〻簫管户〻弦歌當頭一輪明月飛彩凝輝二人愈添豪與酒到杯乾雨村此時已有

七八分酒意狂興不禁乃對月寓杯口號一絶云

時逢三五便團圓　滿把晴光護玉欄

天上一輪纔捧出　人間萬姓仰頭看

士隱听了大叫妙哉吾每謂兄必非久居人下者今所吟之句飛騰之兆已見不日可接履于雲霓之上矣可賀〻〻乃親斟一斗為賀雨村因乾過嘆道非晚生酒後狂言若論時尚之學晚生也或可去充数沽名只是目今行囊路費一槩無措神京路遠非賴賣字撰文即能到者士隱不待說完便道兄何不早言愚每有此心但每遇兄時兄並未談及愚故未敢唐突今既及此愚雖不才義利二字却还識得且喜明歲正當大比兄宜作速入都春闈一战方不負兄之所學也其盤費餘事弟自代為処置亦不枉兄之謬識矣當下即命小童進去

速封五十兩白銀並兩套冬衣又云十九日乃黃道之期兄可即買舟西上待雄飛高舉明冬再晤豈非大快之事耶雨村收了銀衣不過畧謝一語並不介意仍是吃酒談笑那天已交了三更二人方散士隱送雨村去後回房一覺直至紅日三竿方醒因思昨夜之事意欲再寫兩封薦書与雨村帶至神都使雨村投謁个仕宦之家為寄足之地因使人过去請時那家人去了回来說和尚說賈爺今日五鼓已進京去了他曾留話与和尚轉達老爺說讀書人不在黃道黑道總以事理為要不及面辭了士隱听了也只得罷了真是閒処光陰易過倏忽又是元宵佳節矣因士隱命家人霍啟抱了英菊去看社火花燈半夜中霍啟因要小解便將英菊放在一家門檻上坐着待他小解完了来抱時那有英菊的踪影急得霍啟直尋了半夜至天明不見那霍啟也就不敢回来見

主人便逃往他鄉去了那士隱夫婦見女兒一夜不歸便知有些不安再使幾人去尋找回来皆云連音響皆無夫妻二人半世只生此女一旦失落豈不思想因晝夜啼哭幾乎不曾尋死看〻的一月士隱先就淂了一病當時封氏孺人也因思女搆疾日〻請醫療治不想這日三月十五葫芦庙中炸供那些和尚不加小心致使油鍋火逸便燒着窓紙此方人家多用竹籬木壁者其大抵也因刼數于是接二連三牽五掛四將一條街燒得如火燄山一般彼時雖軍民来救那火已成了勢如何救淂下直燒了一夜方漸〻的熄去也不知燒了几家只可怜甄家在隔壁早已燒成一片瓦礫場了只有他夫婦並几个家人的性命不曾傷了急得士隱惟跌足長嘆而已只淂与妻子商議且到田庄上去安身偏值近年水旱不收鼠盜蜂起無非搶田奪地鼠竊狗偷民不安生因此

官兵勦捕难以安身士隐只々得将田庄都折变了便携了妻子与两个了嬛投
他岳丈家去他岳丈名唤封肃本贯大如州人氏虽是務農家中都還殷寔今
見女婿這等狼狽而来心中便有些々不樂幸而士隐还有折变地的銀子未曾
用完拿出来託他随分就價薄置些々須房地為後日衣食之計那封肃便半哄
半賺些々須與他些々薄田朽屋士隐乃讀書之人不慣生理稼穡等事勉強支持
了一二年越覺窮了下去封肃每見面時便說些々現成話且人前人後又怨他
們不善过活只々一味好吃懶作等語士隐知投人不着心中未免悔恨再兼上
年驚唬急忿怨痛已傷暮年之人貧病交攻竟漸々的露出那下世的光景来
可巧這日拄了拐杖掙挫到街前散々心時忽見那边来了一个跛足道人瘋癲
落脱蔴屣鶉衣口内念着几句言詞道是
世人都晓神仙好　惟有功名

忘不了　古今将相在何方　荒塚一堆艸沒了　世人都曉神仙好　只有金銀忘不了　終朝只恨聚無多　及到多時眼閉了　世人都曉神仙好　只有姣妻忘不了　君生日〻說恩情　君死又隨人去了　世人都曉神仙好　只有兒孫忘不了　痴心父母古来多　孝順兒孫誰見了

士隱听了便迎上来道你滿口說些什広只听見些好了〻〻那道人笑道你若果听見好了二字还筭你明白可知世上萬般好便是了〻〻便是好若不了便不好若要好須是了我這歌兒便名好了歌士隱本是有宿慧的一聞此言心中早已徹悟因笑道且住待我将你这好了歌解註出来何如道人笑道你解你解士隱乃說道

陋室空〻　當年笏滿床　衰艸枯楊　曾為歌舞場　蛛絲兒結滿雕樑　綠紗今又糊在蓬窗上　說什広脂正濃粉正香

如何兩鬢又成霜　昨日黄土隴頭送白骨　今宵紅灯帳底卧鴛鴦　金滿
箱銀滿箱　展眼乞丐人皆謗　正嘆他人命不長那知自己帰来喪　訓有
方保不定日後作強梁　擇膏粱誰承望流落在烟花巷　因嫌紗帽小　致
使鎖枷損　昨怜破袄寒　今嫌紫蟒長　乱烘〻你方唱罷我登場　反認
他鄉是故鄉　甚荒唐　到頭来都是為他人作嫁衣裳
那瘋跛道人听了拍掌笑道解得切〻〻、士隐便説一声走罷將道人肩上搭
連搶了过来背着竟不回家同了瘋道人飄〻而去当下烘動街坊衆人当作
一件新聞傳（説）封氏聞得此信哭个死去活来只得与父親商議遣人各処訪尋
那討音信無奈何少不得依靠着他父母度日幸兒身边还有两个旧日的丫
嬛伏侍主僕三人日夜作些針線發賣帮着父親用度那封肅虽然日〻抱怨

也無奈何了這日那甄家大了婇在門前買線忽听街上喝道之声衆人都説
新太爷到任了婇于是隐在門内看時只見軍牢快手一對、、的过去俄而
大轎抬着一个烏帽猩袍的官府过去了婇到發了个怔自思這官好面善到
像在那里見过的于是進入房中也就丢过不在心上至晚間正待歇息之時
忽听一片声打的門响許多人乱嚷説本府太爺的差人来傳人問話封肅听
了唬得目瞪痴呆不知有何衬事

石頭記 第二冊

脂硯齋重評石頭記卷之

第二回

賈夫人仙逝揚州城　冷子興演說榮國府

此回亦非正文本旨只在冷子與一人即俗謂冷中出熱無中生有也其演說榮府一篇者蓋因族大人多若從作者筆下一一敘出盡一二回不能得明則成何文字故借用冷字一人略出其文半使閱者心中已有一榮府隱隱在心然後用黛玉寶釵等兩三次皴染則耀然于心中眼中矣此即畫家三染法也未寫榮府正人先寫外戚是由遠及近由小至大也若使先敘出榮府然後一一敘及外戚又一一至朋友至奴僕其死反拮据之筆豈作十二釵人手中之物也今先寫外戚者正是寫榮國一府也故又怕閑文贅瘵開筆即寫賈夫人

已死是特使黛玉入荣府之速也通灵宝玉于士隐夢中一出今又于子舆口
中一出閱者已洞然矣然後于黛玉宝釵二人目中極精極細一描則是文章
鎖（閑）何處蓋不肯一筆直下有若放閘之水然信之爆使其精華一洩而無餘也
究竟此玉原應出自釵黛目中方有照應今預從子舆口中說出寔雖寫而却
未寫观其後文可知此一回則是虛敲傍擊之文筆則是反逆隱曲之筆
詩云
　一局輸羸料不真　香銷茶盡尚逡巡
　欲知目下興衰兆　須問傍觀冷眼人
却說封肅因听見公差傳喚忙出来陪笑啟問那些人只嚷快請出甄爺来封
肅忙陪笑道小人姓封並不姓甄只有当日小婿姓甄今已出家一二年了不
知可是問他那些公人道我們也不知什広真假因奉太爺之命来問你既是

你女婿便帶了你去親見太爺面禀省得乱跑說着不容封肅多言大家推擁
他去了封家人个〻都驚慌不知何兆那天約二更時只見封肅方回来歡天
喜地衆人忙問端的他乃說道原来本府新陞的太爺姓賈名化本胡州人氏
曾與婿旧日相交方緫在偺門過去的因見嬌杏那丫頭買線所以他只當女
婿移住于此我一一的将原固回明那太爺到傷感嘆息了一回又問外孫女
兒我說看灯丢了太爺說不妨我自使番役務必探訪回来說了一回議臨走
到送了我二兩銀子甄家娘子听了不免心中傷感一宿無話至次日早有雨
村遣人送了兩封銀子四疋錦緞荅謝甄家娘子又寄一封密書与封肅轉託
問甄家娘子要那姣杏作二房封肅喜的屁滚尿流巴不得去奉承便在女兒
前一力攛掇成了乘夜只用一乘小轎便把姣杏送進去了雨村欢喜自不必

說乃封百金贈封肅外謝甄家娘子許多物事令其好生養贍以待尋訪女兒下
落封肅回家無話却說嬌杏这丫环便是那年回顧雨村者因偶然一顧便弄
出这段事来亦是自己意料不到之奇緣誰想他命運兩濟不承望自到雨村
身边只一年便生了一子又半載雨村嫡妻忽染疾下世雨村便将他扶側作
正室夫人了正是偶然一着錯便爲人上人原来雨村因那年士隱贈銀之後
他于十六日便起身入都至大比之期不料他十分得意已會了進士選入外
班今已陞了本府知府雖才幹優長未免有些些貪酷之弊且又恃才侮上那些些
官員皆側目而視不上一年便被上司尋了个空隙作成一本叅他生情狡猾
擅纂礼義且沽清正之名而暗結虎狼之屬致使地方多事民命不堪等語龍
顏大怒即批革職該部文書一到本府官員無不喜悅那雨村心中雖十分慚

恨却面上全無一点怨色仍是嘻笑自若交代過公事将歴年做官積的些資
本並家小人属送至原籍安排妥協却是自己担風袖月游覧天下勝跡那日
偶又游至維（淮）揚地面因聞得今歲鹺政点的是林如海這林如海姓林名海字
表如海乃是前科的探花今已陞至藍台寺大人本貫姑蘇人氏今欽点出為
巡塩御史到任方一月有餘原来這林如海之祖曾襲过列侯今到如海業經
五世起初時只封襲三世因当今隆恩盛德遠邁前代額外加恩至如海之父
又襲了一代至如海便從科第出身虽係鐘鼎之家却亦是書香之族只可惜
這林家支庶不盛子孫有限虽有几門却与如海俱是堂族而已没甚親支嫡
派的今如海年已四十只有一个三歲之子偏又于去歲死了虽有几房姬妾
奈他命中無子亦無可如何之事今只有嫡妻賈氏生得一女乳名代玉年方

五歲夫妻無子故愛如珍宝且又見他聰明清秀便也欲使他讀書識得几个字不过假充養子之意聊解膝下荒凉之嘆雨村正值偶感風寒病在旅店将一月光景方漸愈一因身体劳倦二因盤費不継也正欲尋个合式之処暫且歇下幸有兩个旧友亦在此境居住因聞得鹺政欲聘一西賓雨村便相託友力謀了進去且作安身之計妙在只一个女學生並兩个伴讀丫嬛这女學生年又小身体又極怯弱工課不限多寡故十分省力堪〻又是一載的光陰誰知女学生之母賈氏夫人一疾而終女學生侍湯奉藥守喪尽哀遂又将要辞館別圖林如海意欲令女守制讀書故又将他留下近因女学生哀痛过傷本自怯弱多病的觸犯旧症遂連日不曾上学雨村閒居無聊每当風月晴和飯後便出来閒步这日偶至郭外意欲賞鑒那村野風光忽信步至一山環水旋

茂林深竹之處隱〻的有座庙宇門巷傾頽墻垣朽敗門前有額題着智通寺

三字門旁又有一付旧破的對聯曰

身後有餘忘縮手　眼前無路想回頭

雨村看了因想到這兩句話文虽淺近其意則深也曽遊过些名山大刹到不曽見过这話頭其中想必有个翻过觔斗来的亦未可知何不進去試〻想着走入時看只有一个龍鐘老僧在那裡煮粥雨村見了便不在意及至問他兩句話那老僧既聾且昏齒落舌鈍所荅非所問雨村不耐煩便仍出来意欲到那村肆中沽飲三杯以助野趣于是欵步行来將入肆門只見座上吃酒之客有一人起身大笑接了出来口内説奇遇〻〻雨村忙看時此人是都中在古董行中貿易的號冷子興者旧日在都(京)相識雨村〻〻最讚這冷子興是个有

作為大本領的人這子興又借雨村斯文之名故二人說話投机㝡相契合雨
村忙笑問道老兄何日到此弟竟不知今日偶遇真奇緣也子興道去年歲底
到家今因还要入都從此順路找个敝友說一句話承他之情留我多住兩日
我也無緊事且盤桓兩日待月半時也就起身了今日敝友有事我因閒步至
此且歇〻脚不期這樣巧遇一面說一面讓雨村同席坐了另整上酒餚来二
人閒談漫飲叙此別後之事雨村因問近日都中可有新聞没有子興道到没
有什庅新聞到是老先生你貴同宗家出了一件小〻的異事雨村笑道弟族
中無人在都何談及此子興笑道你們同姓豈非同宗一族雨村問是誰家子
興道荣国府賈府中可也玷辱了先生的門楣庅雨村笑道原来是他家若論
起来寒族人丁却不少自東漢賈復以来枝泒繁盛各省皆有誰逐細考查得

来若論榮國一枝却是同譜但他那等榮耀我們不便去攀扯至今故越發生
踈難認了子興嘆道老先生休如此說如今的這榮國兩門也都蕭踈了不比
先時的光景雨村道當日寧榮兩宅的人口也極多如何就蕭踈了冷子興道
正是說来也話長雨村道去歲我到金陵地界因欲遊覽六朝遺跡那日進了
石頭城從老宅門前經过街東是寧國府街西是榮国府二宅相連竟將大半
條街占了大門前雖冷落無人隔着圍墻一望裡面㕔殿樓閣也还都峥嵘軒
峻就是後一帶花園子里面樹木山水也还都有蓊蔚洇潤之氣那裡像个衰敗
之家冷子興笑道亏你是進仕出身原来不通古人有云百足之虫死而不僵
如今雖說不及先年那樣興盛較之平常仕宦之家到底氣象不同如今生齒
日繁事務日盛主僕上下安富尊榮者儘多運籌謀畫者無一其日用排場廢

用又不能將就省儉如今外面的架子雖未甚倒内囊却也尽上来了這还是
小事更有一件大事誰知這樣鐘鳴鼎食之家翰墨詩書之族如今的兒孫竟
一代不如一代了雨村听說也納罕道这樣詩礼之家豈有不善教育之理別門
不知只說這寧榮二宅是最教子有方的子興嘆道正說的是這兩門呢待我
告訴你當日寧國公是一母同胞弟兄兩个寧公居長生了四个兒子寧公死
後賈代化襲了官也養了兩个兒子長名賈敷至八九歲上便死了只剩了次
子賈敬襲了官如今一味好道只愛燒丹煉汞餘者一槩不在心上幸而早年
留下一子名喚賈珍因他父親一心想作神仙把官到讓他襲了他父親又不
肯回原籍来只在都中城外和道士們胡羼这位珍爷到生了一个兒子今年
纔十六歲名叫賈蓉如今敬老爹一槩不管这珍爺那里肯讀書只一味高樂

不了把寧國府竟翻了過来也没有敢来管他再説榮府你听方纔所説異事
就出在這里自榮國公死後長子賈代善襲了官娶的也是金陵世勳史侯家的
小姐為妻生了兩个兒子長子賈赦次子賈政如今代善早已去世太夫人尚
在長子賈赦襲着官次子賈政自酷甚讀書祖父最疼原欲以科甲出身的不
料代善臨終時遺本一上皇上因恤先臣即時令長子襲官外問还有几子立
刻引見遂額外賜了这政老爹一个主事之銜令其入部習学如今現已陞了
員外郎了这政老爹的夫人王氏頭胎生的公子名喚賈珠十四歲進学不到
二十歲就娶了妻生了子一病死了第二胎生了一位小姐生在大年初一這
就奇了不想次年又生一位公子説来更奇一落胎胞嘴里便啣下一塊五彩
晶瑩的玉来上面还有許多字跡就取名叫作宝玉你道是新奇異事亦是兩

村笑道果然奇異只怕这人来歷不小子興冷笑道萬人皆如此說因而乃祖
母便先爱如珍宝那年週歲时政老爹便要試他将来的志向便将那世上所
有之物擺了無数與他抓取誰知他一槩不取伸手只把些脂粉釵環抓来政
老爹便大怒了說将来酒色之徒耳因此便大不喜悦独那史老太君还是命
根一樣說来又奇如今長了七八歲虽然淘氣異常但其聰明乖覺処百个不
及他一个說起孩子話来也奇怪他說女兒是水作的骨肉男人是泥作的骨
肉我見了女兒我便清爽見了男子便覔濁臭逼人你道好笑不好笑将来色
鬼無移了雨村罕然厲色忙止道非也可惜你們不知道这人来歷大約政老
前輩也錯以淫魔色鬼看待了若非多讀書識事加以致知格物之功悟道条
玄之力不能知也子與見他說得这樣重大忙請教其端雨村道天地生人除

大仁大恶两種餘者皆無大異若大仁者則應運而生大恶者則應刼而生運
生世治刼生世危堯舜禹湯文武周召孔孟董韓周程張朱皆應運而生者蚩
尤共工桀紂始皇王莽曹操恒温安禄山秦檜等皆應刼而生者大仁者修治
天下大恶者挠乱天下清明靈秀天地之正氣仁者之所秉也残忍乖僻天地
之邪氣恶者之所秉也今當運隆祚永之朝太平無為之世清明灵秀之氣所
秉者上至朝廷下至艸野比〻皆是所餘之秀氣漫無所帰遂為甘露為和風
和然溉及四海彼残忍乖僻之邪氣不能蕩溢于光天化日之中遂凝結充塞
于深溝大壑之内偶因風蕩或被雲摧略有搖動感發之意一絲半縷悞而洩
出者偶值灵之氣適过正不容邪〻復妒正相不肯下亦如風水雷電地中
既遇既不能消又不能讓必至搏擊掀發後始盡故其氣亦必賦人發洩一盡
故

始散使男女偶秉此氣而生者在上則不能成仁人君子下亦不能為大凶大
悪置之于萬〻人中其聰俊灵秀之氣則在萬〻人之上其乖僻邪謬不近人
情之態又在萬〻人之下若生于公侯富貴之家則為情痴情種若生于詩書
清貧之族則為逸士高人總再偶生于薄祚寒門斷不能為走卒健僕甘遭庸
人驅制駕馭必為奇優名倡如前代之許由陶潛阮籍嵇康刘伶王謝二族顧
虎頭陳後主唐明皇宋徽宗刘廷芝温飛卿米南宮石曼卿柳耆卿秦少遊近
日之倪雲林唐伯虎祝之山再如李龜年黄旛綽敬新磨卓文君紅拂薛涛崔
鶯朝雲之流此皆異地則同之人也子與道依你說成則王侯敗則賊了雨村
道正是这意你還不知我自革職以來這兩年遍遊名省也曾遇見兩个異樣
孩子所以方纔你一說这宝玉我就猜着了八九亦是这一派人物不用遠說

只金陵城内欽差金陵省体仁院揔裁甄家你可知庅子與道誰人不知這甄府合賈府就是老親又係世交兩家来往極其親熱的便在下也合他家来往非止一日了雨村笑道去歲我在金陵也曾有人荐我到甄府處館我進去看看其光景誰知他家那等顯貴却是个富而好礼之家到是个难得之館但這一个學生雖是啟蒙却比一个舉業的还勞神說起来更可笑他說必得兩个女兒伴着我讀書我方能認得字心里也明不然我自已心里糊塗又常對跟他的小厮們說这女兒兩个字極尊貴極清静的比那阿彌陀佛元始天尊的这兩个宝號还更尊荣無对的呢你們這濁口臭舌萬不可唐突了这兩个字要緊但凡要說時必須先用清水香茶漱了口纔可設若失錯便要鑿牙穿腮等事其暴虐浮躁頑劣憨痴種〻異常只一放了學進去見了那些女兒們其

温厚和平聪敏文雅竟又变了一个因此他令尊也曾下死笞楚过几次無奈
竟不能改每打的吃疼不过時他便姐〻妹〻乱叫起来後来听得裡面女兒
們拿他取笑因何打急了只管叫姐妹做甚莫不是求姐妹去討情討饒你
豈不愧些他回答的最妙他說急疼之時只叫姐〻妹〻字樣或可解疼也未
可知因叫了一声便果竟不疼了遂得了密法每疼痛之極便連叫姐妹起来
了你說可笑不可笑也因祖母溺爱不明每因孫辱師責子因此我就辞了館
出来如今在这巡塩御史林家做館了你看這等子弟必不能守祖父之根基從
師長之規諫的只可惜他家几个姊妹都是少有的子與道便是賈府中現有
的三个也不錯政老爹的長女名元春現因賢孝才德選入宮中作女史去了
二小姐乃政老爹前妻所出名迎春三小姐乃政老爹之庶出名探春四小姐

乃寧府珍爺之胞妹名喚惜春因史老夫人極愛孫女都跟在祖這邊一處讀書听得个〻不錯雨村道更妙在甄家的風俗女兒之名亦皆從男子之名命字不似別家另外用這些春紅香玉等艷字的何得賈府亦樂此俗套子興道不然只因現今大小姐是正月初一日所生故名元春餘者方從了春字上一輩的却也是從弟兄而來的現有对証目今你貴東家林公之夫人即榮府中赦政二公之胞妹在家時名喚賈敏不信時你回去細訪可知雨村拍案笑道怪道這女學生讀至凡書中有敏字皆念作密字每〻如是寫字遇着敏字又減一二筆我心中有些疑惑今听你說的是為此無疑矣怪道我這女學生言語舉止另是一樣不与近日女子相同度其母必不凡方得其女今知為榮府之孫又不足罕矣可傷上月竟亡故了子興嘆道姊妹四个這一个是極小

的又没了長一輩的姊妹一ケ也没了只看这小一輩的将来之東床如何呢

雨村道正是方纔說这政公已有啣玉之兒又有長子所遺一ケ弱孫这赦老

竟無一個不成子與道政公既有玉兒之後其妾又生了一ケ到不知其好只

眼前現有二子一孫却不知将来如何若問那赦公也有二子長名賈璉今已

二十来往了親上作親娶的就是政老爹夫人王氏之内姪女今已娶了二年

這位璉爺身上現蠲的是ケ同知也是不肯讀書于世路上好机变言談去的

所以如今只在乃叔政老爺家住着帮省料理些家務誰知自娶了他令夫人

之後到上下無一人不称頌他夫人的璉爷倒退了一射之地說摸樣又極標

致言談又爽利心机又極深細竟是ケ男人萬不及一的雨村听了笑道可知

我前言不謬你我方纔所說的这几ケ人都只怕是那正邪兩賦而来一路之

人未可知也子與道邪也罷正也罷只顧算別人家的賬你也吃一盃酒纔好
雨村道正是只顧說話竟多吃了幾杯子與笑道說着別人家的閒話正好下
酒即多吃幾盃何妨雨村向窗外看道天也晚了仔細閉了城我們漫漫的再
進城再談未為不可于是二人起身算還酒賬方欲走時又听得後面有人叫
道雨村兄恭喜了特來報個喜信的雨村忙回頭看時

石頭記

第三回

脂硯齋重評石頭記卷之

第三回

賈雨村夤緣復舊職　林代玉抛父進都京

却説雨村忙回頭看時不是别人乃是当日同僚一案叅革的号張如圭者他本係此地人革後家居今打听得都中奏准起復旧員之信他便四下里尋情找門路忽遇見雨村故忙道喜二人見了礼張如圭便将此信告訴雨村〻〻自是歡喜忙〻的叙了两句遂作别各自回家冷子与听得此言便忙献計令雨村央煩林如海轉向都中去央煩賈政雨村領其意作别回至舘中忙尋邸报看真確了次日[當]面謀之如海〻〻道天緣凑巧因賤荊去世都中家岳母念及小女無人依傍教育前已遣了男女船支来接因小女未曾大痊故未及行

此刻正思向蒙訓教之恩未經酬報遇此机會豈有不盡心圖報之理但請放心弟已預為籌画至此已修下荐書一封轉託内兄務為周全協力方可稍盡弟之鄙誠即有所費用之例弟于内家信中已註明白亦不劳尊兄多慮矣雨村一面打恭謝不釋口一面又問不知令親大人現居何職只怕晚生艸率不敢驟然入都干瀆如海笑道若論舍親与尊兄犹係同譜乃榮公之孫大内兄現襲一等將軍名赦字恩候二内兄名政字存周現任工部員外郎其為人謙恭厚道大有祖父遺風非膏粱輕薄仕宦之流故弟方致書煩托否則不但有汚尊兄之清操即弟亦不屑爲矣雨村听了心下方信了昨日子興之言于是又謝了林如海〻〻乃說已擇了出月初二日小女入都尊兄即同路而往豈不兩便雨村唯〻听命心中十分得意如海遂打点礼物並餞行之事雨村一一

領了那女孝生代玉身体又愈原忍棄父而往無奈他外祖母致意務去且兼如海説汝父年將半百再無續室之意且汝多病年又極小上無親母教養下無姊妹兄弟扶持今依傍外祖母及舅氏姊妹去正好減我顧盼之憂何反云不往代玉听了方洒泪拜別隨了奶娘及榮府几个老婦人登舟而去雨村另有一支船帶兩个小童依附代玉而行有日到了都中進入神京雨村先整了衣冠帶了小童拿着宗侄的名帖至榮府的門前投了彼時賈政已看了妹丈之書即忙入廂会見雨村相貌魁偉言語不俗且這賈政最喜讀書人礼賢下士濟弱扶危大有祖風況又係妹丈致意因此優待雨村更又不同便竭力内中協助題奏之日輕〻謀了一个復職候缺不上兩个月金陵天應府缺出便謀補了此缺拜辞了賈政擇日上任去了不在話下且説代玉自那日棄舟登

岸时便有荣國府打發了轎子並拉行李的車輛久候了这林代玉常听得母
親説过他外祖母家与别家不同他近日所見的这几个三等的僕婦吃穿
用度已是不凡了何况今至其家因此步步留心时时在意不肯輕易多説一
句話多行一步路惟恐被人恥笑了他去自上了轎進入城中從紗窓外瞧了
一瞧其街市之繁華人烟之阜盛自与别處不同又行了半日忽見街北蹲着兩
个大石獅子三間獸頭大門門前列坐着十来个華冠麗服之人正門却不開
只有東西兩角門有人出入正門之上有一匾匾上大書勅造寧國府五个大
字代玉想道這必是外祖之長房了想着又往西行不多遠照樣也是三間大門方
是荣國府了却不進正門只進了西边角門那轎夫抬進去走了一射之地将
轉弯時便歇下退出去了後面的婆子們已都下了轎赶上前来另換了三四

個衣帽週全十七八歲的小廝上来復抬起轎子衆婆子在步下圍随至一垂花門落下衆小厮退出衆婆子来打起轎簾扶代玉下轎林代玉扶着婆子的手進了垂花門兩边是超手遊廊当中是串堂当地放着一个紫檀架子大理石的大插屏小〻的三間所〻後就是後面的正房大院正面五間上房皆雕梁画楝兩边穿山遊廊廂房掛着各色鸚鵡画眉等雀台磯之上坐着几个穿紅着緑的丫頭一見他們来了便忙都笑迎上来了説剛纔老太〻還念呢可巧就来了手是三四人争着打起簾籠一面听得人回話林姑娘到了代玉方進入房時只見兩个人攙着一位鬢髮如銀的老母迎上来代玉便知是他外祖母方欲拜見時早被他外祖母一把搂入懷中心肝兒肉叫着大哭起来当下地下侍立之人無不掩面涕泣代玉也哭个不住一时衆人漫〻解勸住了

代玉方拜見了外祖母此即冷子與所云之史氏太君賈赦賈政之母也當下賈
母一一指与代玉这是你大舅母这是你二舅母这是你先珠大哥的媳婦珠
大嫂子代玉一一拜見过賈母又説請姑娘們来今日遠客纔来可以不必上學
去了衆人答應了一声便去了兩个不一時只見三个奶嬤嬤並五六个丫環
撮擁着三个姊妹来了第一个肌膚微豐合中身材腮凝新荔鼻膩鵝脂温柔
沉默觀之可親第二个削肩細腰長挑身材鴨蛋臉面俊眼修眉顧盼神飛文
彩精華見之忘俗第三个身量未足形容尚小其釵環裙襖三人皆是一樣的
粧飾代玉忙起身迎上来見礼互相厮認过大家歸了坐了丫嬛們斟上茶来不
过説些代玉之母如何得病如何請醫服藥如何送死發喪不免賈母又傷感
起来因説這些兒女所疼者獨有你母今日一旦先捨我而去連面也不能一

見今見了你我怎不傷心說着摟了代玉在怀嗚咽起来衆人忙都寛慰解釋方畧〻止住衆人見代玉年貌虽小其舉止言談不俗身体面龐虽怯弱不勝却有一段自然的風流態度便知他有不足之症因問常服何藥如何不急為療治代玉道我自来是如此從会吃飲食时便吃藥到今日未斷請了多少名医修方配藥皆不見效那一年我三歲时听得說来了一个癩頭和尚說要化我去出家我父固是不從他又說既捨不得他只怕他的一生也不能好的了要好时除非從此以後揔不許見哭声除父母之外凡有外姓親友之人一槩不見方可平安了此一世瘋〻癲〻說了這些不經之談也沒人理他如今还是吃人參養栄丸賈母道正好我这里正配丸藥呢叫他們多配一料就是了一語未了只听後院中有人笑声說我来遲了不曾迎接遠客代玉納罕道

這些人个〻皆歛声屏氣恭肅嚴整如此这来者係誰这樣放誕無礼心下想
時只見一群媳婦丫嬛圍擁着一个人從後房門進来这個人打扮与衆姑娘
不同彩袖輝煌恍若神妃仙子頭上帶肴金絲八宝攢珠髻綰着朝陽五鳳桂
珠釵項上代着赤金盤螭瓔珞圈裙边繫着綠色宮絛雙衡皆玫瑰珮身上穿
着縷金百蝶穿大紅洋緞窄褙襖外罩五彩刻絲石青銀鼠褂下着翡翠撒花
洋縐裙一雙丹鳳三角眼兩灣柳葉掉稍眉身量苗條体格風騷粉面含春威
不露丹唇未啓笑先聞代玉連忙起身接見賈母笑道你不認得他〻是我們这
裡有名的一潑皮破落戶兒南省俗謂作辣子你只叫他鳳辣子就是代玉正
不知以何稱呼只見衆姊妹都忙告訴他道這是璉嫂子代玉虽不知曾听見
母親說过大旧賈赦之子賈璉娶的就是二旧母王氏之内姪女自幼假充男

兒教養的斈名王熙鳳代玉忙陪笑見礼以嫂呼之這熙鳳攜着代玉的手上
下細〻打諒了一回仍送至賈母身边坐下因笑道天下真有这樣標致的人
物我今兒纔筭見了況且这通身的氣派竟不像老祖宗的外孫兒竟是个嫡
親的孫女怨不得老祖宗天〻口頭心頭一時不忘只可怜我这妹〻這樣命
苦怎庅姑媽偏就去世了說着便用帕拭泪賈母笑道我纔好了你到来招我
你妹〻遠路纔来身子又弱也纔劝住了快再体[休]題前話這熙鳳听了忙轉悲
為喜道正是呢我一見了妹〻一心都在他身上了又是喜欢又是傷心竟
忘記了老祖宗該打〻〻又忙攜代玉之手問妹〻几歲了可也上过斈現吃
什庅藥在这里不要想家想要什庅吃的什庅頑的只管告訴我丫頭老婆們
不好了也只管告訴我一面又問婆子們林姑娘的行李東西可搬進来代了

人来你們趕早打掃兩間下房讓他們去歇、說話時已擺了茶菓上来熙鳳
親為捧茶捧菓又見二旧母問他月錢放过了不曾熙鳳道月錢也放完了纔
剛代着人到後楼上找緞子找了这半日也並沒有見昨日太：說的那樣的想
是太：也記錯了王夫人道有沒有什庅要緊因又說道該隨手拿出兩个来
給你这妹：去裁衣裳的等晚上想着吽人再去拿罢可别忘了熙鳳道這道
是我先料着了知道妹：不过这兩日到的我已預備下了等太：回去过了
目好送来王夫人一笑点頭不語当下茶菓已徹賈母命兩个老嬤：代了代
玉去見兩个母舅时賈赦之妻邢氏忙亦起身笑道正是[illegible]呢你也去罢不必過
来了邢夫人荅應了一声是字遂代了代（帶了代黛）王：与王夫人作辞大家送至穿堂前
出了垂花門早有衆小厮們拉过一輛翠幄青紬車邢夫人攜了代王：坐在上

面衆婆子們放下車簾方命小厮們抬起拉至寬處方駕上馴騾亦出了西角
門往東过榮府正門便入一黑油大門中至儀門前方下来衆小厮退出方打
起車簾邢夫人攙着代玉的手進入院中代玉度其房屋院宇必是榮府中花
園隔断过来的進入三層儀門果見正房廂廡遊廊悉皆小巧别致不似方纔
那边軒峻壯麗且院中随处之樹木山石皆在一時進入正室早有許多盛粧
麗服之姬妾丫鬟迎着邢夫人讓代玉坐了一面命人到外面書房去請賈赦
一時人来回話説老爺説了連日身上不好見了姑娘彼此到傷心暫且不忍
相見劝姑娘不要傷心想家跟着老太〻合舅母即同家裡一樣姊們雖拙大
家一處伴着亦可以解些煩悶或有委屈之處只管説得不要外道纔是代玉
忙站起来一一听了再坐一刻便告辭邢夫人苦留吃过晚飯去代玉笑回道

舅母愛惜賜飯原不应辭只是还要过去拜見二舅〻恐領了賜去不恭異日再領
未為不可望舅母容量邢夫人听説笑道這到是了遂令兩三个嬤〻用方纔
的車好坐送了过去于是代玉告辭邢夫人送至儀門前又嘱咐了衆人几句
眼看着車去了方回来一时代玉進了荣府下了車衆嬤〻引着便往東轉灣
穿過一个東西的穿堂向南大厛之後儀門内大院落上面五間大正房兩边
厢房鹿頂耳房鑽山四通八達軒昂壮麗比賈母処不同代玉便知這方是正
經正内室一條大甬路直接出大門的進入堂屋中抬頭迎面先看見一个赤
金九龍青地大匾〻上寫着斗大的三个大字是荣禧堂後有一行小字某年
日月書賜荣國公賈源又有萬幾宸翰之宝大紫檀雕螭案上設着三尺来高
青緑古銅鼎懸着待漏隨朝墨龍大画一边是金蜼彝一边是玻璃盞地下兩

溜十六張楠本交椅又有一付对聯乃烏木聯匾廂着鏨銀的字跡道是

座上珠璣昭日月　堂前黼黻煥烟霞

下面一行小字道是同鄉世教弟勲襲東安郡王穆蒔拜手書原来王夫人時常居坐宴息亦不在這正室只在这正室東边的三間耳房内于是老嬷〻引代玉進東房門来臨窓大炕猩紅洋罽正面設着大紅金錢蟒靠背石青金錢蟒引枕秋香色金錢蟒大條褥兩边設一對梅花式様漆小几左边几上文王鼎匙箸香盒右边几上汝窰美人觚〻內插着時鮮花艸並茗盌痰盒等物地下面西一溜四張椅上都搭着銀紅撒花椅搭底下四付脚踏椅之兩边也有一对高几〻上茗盌瓶花俱備其餘陳設自不必細說老嬷〻們讓代玉炕上坐炕沿上却有兩个錦褥对設代玉度其位次便不上炕只向東边上椅子坐了

本房内的丫嬛忙捧上茶来代玉一面吃茶一面打諒这些丫嬛們粧飾衣裙

舉止行動果亦与别家不同茶未吃了只見一个穿紅綾襖青緞揑牙背心的

一个丫嬛走来笑說道太〻說請林姑娘到那边坐罷老嬷〻听了于是又引

代玉出来到了東廊三間小正房内正房炕上横設一張炕桌〻上磊着書籍

茶具靠東壁面西設着半旧的青緞靠背引枕王夫人却坐在西边下首亦是

半旧的青緞靠背坐褥見代玉来了便往東讓代玉心中料定这是賈政之位

因見挨炕一溜三張椅子上也搭着半旧的弾墨椅袱代玉便向椅上坐了王

夫人再四攜他上炕他方挨王夫人坐了王夫人因說你舅〻今日齋戒去了

再見罷只是有一句話嘱咐你〻三个姊妹到都極好以後一處念書認字學

針線或是偶一頑笑都有儘讓的但我不放心的最是一件我有一个孽根禍

胎是家里的混世魔王今日因庙裡還愿去了尚畱来晚間你看見便知了你
只以後不要採他你這些姊妹都不敢沾惹他的代玉亦常听淂母親說过二
舅母生的有个表兄乃啣玉而誕頑劣異常極悪讀書最喜在内幃廝混外祖母
又極溺愛無人敢管今見王夫人如此說便知說的是这表兄了因陪笑道旧
母說的可是啣玉所生的这位哥々在家时亦曾听見母親常說這位哥々比
我大一歲小名就唤宝玉虽極憨頑說在姊妹情中極好的况我来了自然只
和姊妹同處兄弟們自是别院另室的豈淂去沾惹之礼王夫人笑道你不知
道原故他與他人不同自幼因老太々疼愛係同姊妹們原一処姣養慣了的
若姊妹們有日不理他々到还安静些々総然他沒趣不过出了二門背地里拿
着他兩个小優兒出氣咕唧一會子就完了若這一日姊妹們和他多說一句

話他心裡一樂便生出多少事來所以囑咐你別採他：嘴里一時甜言蜜語一時有天無日一时又瘋：傻：只休信他代玉一一的都荅(應)着只見一个丫嬛又回老太：那里傳晚飯了王夫人忙攜代玉從後房門由後廊往西出了角門是一條南北寬夾道南边是到座三間小：的抱廈所北边立着一个粉油大映(迎)壁後有一半太門小：一所房室王夫人笑指向代玉道这是你鳳姐：的屋子回來你好往这里找他來少什麼東西你只管和他說就是了這院門上也有四五个總角的小厮都垂手侍立王夫人遂攜代玉穿过一个東西穿堂便是賈母的後院了于是進入後房門已有多少人在此伺候見王夫人來了方安設桌椅賈珠之妻李氏捧飯熙鳳安箸王夫人進羹賈母正面榻上独坐兩边四張空椅熙鳳忙拉了代玉在左边第一張椅上坐了代玉十分推

讓賈母笑道你旧母你嫂子們不在這里吃飯你是客原應如此坐的代玉方告了坐了賈母命王夫人坐了迎春姊妹三个告了坐方上来迎春便坐右手第一探春坐第二惜春又在春（就坐左手）第二傍边丫嬛執着拂塵漱盂巾帕李鳳二人立于案傍佈讓外間伺候之媳婦丫嬛虽多却連一聲咳嗽不聞寂然飯畢各有丫嬛用小茶盤捧上茶来当日林如海教女以惜福養身云飯後務待飯粒嚥尽过一时再吃茶方不傷脾胃今代玉見了這里許多事情不合家中之式不淂不随的少不得一一改过来因而接了茶早見人又捧过漱盂来代玉也照樣漱了口盥手畢又捧上茶来这方是吃的茶賈母便說你們去罢讓我們自在說話兒王夫人听了忙起身又說了两句閒話方引鳳李二人去了賈母因問代玉念何書代玉道只剛念了四書代玉又問姊妹們讀何書賈母道讀

的是什庅書不过是認得兩个字不是睁眼的瞎子罢了一語未了只听外面一陣脚步响丫妳進来笑道宝玉来了代玉心中正疑惑着这个宝玉不知是怎生个憊懶人物懞懂頑童到不見那蠢物也罢了心中想着忽見丫妳話未报完已進来了一位年輕的公子頭上帶着束髮嵌宝紫金冠斉眉勒着二龍搶珠金抹額穿一件二色金百蝶穿花大紅箭袖束着五彩系攅花結長穗宮縧外罩石青起花八團倭緞排穗褂登着青緞粉底小朝靴面若中秋之月色如春曉之花鬓若刀裁眉如墨画面如桃瓣目若秋波虽怒時而若笑即瞋視而有情項上金螭瓔珞又有一根五色系絛繫着一塊美玉代玉一見便吃一大驚心下想道這生奇怪到像在那裡見过一般何等眼熟到如此只見這宝玉向賈母請了安賈母便命去見你娘来宝玉即轉身去了一时回来再看已換

了冠帶頭上週圍一轉的短髮都結成小辮紅系結束共攢至頂中胎髮總辮一根大辮如漆黒亮從頂至稍一串四棵大珠用金八宝墜角身上穿着銀紅撒花半旧大襖仍舊戴着項圈宝玉寄名鎖護身符等物下面半露松花撒花綾褲腿錦边弾墨襪厚底大紅鞋越顯得面如敷粉唇若施脂轉盻多情語言常笑天然一段風騷全在眉稍半生萬種情思悉堆眼角看其外貌最是好却难知其底細後人有西江月二詞批宝玉極恰其詞曰

無故尋愁覔恨　有時似傻如狂　縱然生得好皮囊　腹内原来草莽　潦倒不通世務　愚頑怕讀文章　行為偏僻性乖張　那管世人誹謗　富貴不知樂業　貧窮难耐凄凉　可憐辜負好韶光　於國於家無望　天下無能第一　古今不肖無雙　寄言紈褲與膏粱　莫笑此兒形狀

賈母因笑道外客未見就脫了衣裳还不去見你妹〻寶玉早已看見多了一個姊妹便料定是林姑媽之女忙来作揖厮見畢歸坐細看形容與衆各别兩彎半蹙鵞眉一对多情杏眼態生兩靨之愁嬌襲一身之病淚光点〻嬌喘微〻閑靜時如姣(皎)光照水行動時似弱柳扶風心較比干多一竅病如西子勝三分宝玉看罢因笑道這个妹〻我曾見过的賈母笑道可又是胡說你又何曾見過他宝玉笑道虽然未曾見過他然我看着面善心裏就筭是旧相識今日只作遠别重逢亦未為不可賈母笑道更好〻(胡說了你)的坐下(罷宝玉坐下)又細〻打量一番因問妹〻可曾讀書代玉道不曾讀只上了一年學些〻須認得几个字宝玉又道妹〻尊名是那兩个字代玉便說了名(字)宝玉又問表号代玉道無字宝玉笑道我送妹〻一妙字莫若顰〻二字極妙探春便問何出宝玉道古今人物通考上

説西方有石名代可代画眉之墨况這林妹〻眉尖若蹙用取這兩个字豈不兩妙探春笑道只恐又是你的杜撰宝玉笑道除四書外杜撰的太多偏只我是杜選[撰]不成又問代玉可也有玉沒有衆人不解其語代玉便忖度着因他有玉故問我有也無因荅道我沒有那个想来那玉是一件罕物豈能人〻有的宝玉听了登时發作起痴狂病来摘下那玉就恨命摔去罵道什広罕物連人之高底不擇还説通灵不通灵呢我也不要這劳什子[石]了嚇的衆人一擁争去拾玉賈母急的摟了宝玉道孽障你生氣要打罵人容易何苦摔那[命]根子宝玉滿面泪痕泣道家里姐〻妹〻都沒有单我有我説沒趣如今来了這們一个神仙似的妹〻也沒有可知這不是个好東西賈母忙哄他道你這妹〻原有这个来的因你姑媽去世时捨不得你妹〻無法処只将他的玉帶了去了一

一則全殉葬之理進你妹〻之孝心二則你姑媽之灵亦可權作見了女兒之
意因此他只說沒有这个不便自己誇張之意你如今怎㔾淂他还不好生慎
重帶上仔細你娘知道了說着便向丫𡛼手中接来親与他代(帶)上宝玉听如此
說想一想大有情理也就不生別論了当下奶娘来謂(請)問代玉之房舍賈母說
今將宝玉挪出来同我在套間煖閣兒裡把你林姑娘暫安置碧紗廚里等过
了残冬春天再与他們収拾房屋另作一番安置罢宝玉道好祖宗我就在碧
紗廚外之床上很妥当何必又出来鬧的老祖宗不淂安静賈母想了一想說
罢(也)哩每人一个奶娘並一个丫頭照管餘者在外間上夜听喚一面早有熈鳳
命人送了一頂藕合色花帳並几件錦被緞褥之類代玉只代(帶)了兩个人来一
个是自幼奶娘王嬤〻一个是十歲的小丫頭亦是自幼隨身的名喚作雪雁

賈母見雪雁甚小一團孩氣王嬤〻又極老料代玉皆不遂心省力的便將自己身边的一个二等丫頭名喚鸚哥者与了代玉外亦如迎春等例每人除自幼乳母外另有四个老教嬤〻除貼身掌管釵釧盥沐兩个丫环外另有五六个洒掃房屋来往使役的小丫环当下王嬤〻与鸚哥陪侍代玉在碧紗厨内宝玉之乳母李嬤〻並大丫环名喚襲人者陪侍在外大床上原来这襲人亦是賈母之婢本名珍珠賈母因溺爱宝玉生恐宝玉之婢無竭力盡忠之人素喜襲人心地純良克盡職任遂与了宝玉〻〻　因知他本姓花又曾見旧人詩句上有花氣襲人之句遂回明賈母更名襲人这襲人亦有些痴處伏侍賈母時心中（只有一个賈母如今服侍宝玉他心中眼中）眼中又只有一个宝玉只因宝玉性情乖僻每〻規諫宝玉心中着實憂鬱是晚宝玉李嬤〻已睡了他見里面代玉和鸚哥犹未安息他自卸了粧愶〻進

来笑問姑娘怎庅还不安息代玉忙讓姐請坐襲人在床沿上坐鸚哥笑道林姑
娘正在这里傷自已淌眼抹泪的說今兒纔来就惹出你家哥兒的狂病倘或
摔坏了那玉豈不是因我之过因此便傷心我好容易劝好了襲人道姑娘快休
如此將来只怕比這个更奇怪的笑話兒还有呢若為他這種行止你多心傷
感只怕你傷感不了呢快別多心代玉道姐〻們說的我記着就是了寃竟那
玉不知是怎庅个来歷上面还有字跡襲人道連一家子也不知来歷上頭还
有現成的眼兒听得說落草時是從他口裡掏出来的等我拿来你看知便代
玉忙止道罢了此刻夜深明日再看也不遲大家又叙了一回方纔安歇次日
起来省过賈母因往王夫人處来正值王夫人与熙鳳在一家拆金陵来的書
信看又有王夫人之兄嫂處遣了兩个媳婦来說話的代玉虽不知原委探春

等却都晓得这議論金陵城中所居的薛家姨母之子姨表兄薛蟠仗財仗勢打死人命現在應天府案下審理如今母旧王子騰得了信息故遣他家内的人来告訴这边意欲唤取進京之意

石頭記 第四回

脂硯齋重評石頭記卷之

第四回

薄命女偏逢薄命郎　葫芦僧乱判葫芦案

却説代玉同姊妹們至王夫人与兄嫂處来時便計議家務又説姨母家遭人命官司等語因見王夫人事情冗雜姊妹們遂出来至寡嫂李氏房中来了原来这李氏即賈珠之妻珠虽夭亡幸存一子取名賈蘭今方五歲已入李攻書这李氏亦係金陵名宦之女父名李守中曾為國子監祭酒族中男女無有不誦詩讀書者至李守中承継以来便説女子無才便有德故生了李氏時便不十分令其讀書只不过将此女四書烈女傳賢媛集等三四種書使他認得几个字記得前朝這几個賢女便罢了却只以紡績井臼為業因取名為李紈字

宫裁因此这李紈虽青春丧偶居家处膏粱錦綉之中竟如槁木死灰一般一槩无見無聞惟知侍親養子外則陪侍小姑等針黹誦詩而已今代玉雖客寄于斯日有这般姑嫂相伴除老父餘外者也都無庸慮及了如今且說雨村因補授了應天府一下馬就有一件人命官司詳至案下乃是兩家争買一婢各不相讓以至毆傷人命彼時雨村即提原告之人来審那原告道被毆死者乃小人之主人因那日買了一个丫頭不想是拐子所拐来賣的这拐子先已得了我家的銀子我家小爺原說第三日方是好日子再接入門这拐子便又悄悄的賣与薛家被我們知道了去找拿賣主奪取丫頭無奈薛家原係金陵一霸倚財仗勢衆豪奴將我小主人竟打死了凶身主僕已皆逃走無影無踪只剩了几个局外之人小人告了一年的狀竟無人作主望大老爺拘拿凶犯以救

黹音指

孤寡死者感代天恩不尽雨村聽了大怒道豈有这樣放屁的事打死人命就白
白的走了再拿不来的因發簽差公人立刻将凶犯族中人拿来拷問令他們
寔供藏在何處一面再動海捕文書未發簽时只見案边立的一个門子使眼
色兒不令他發簽之意雨村心下甚為疑怪只得停了手即时退堂至密室侍
從皆退去只留門子扶侍这門子忙上来請安笑問老爺一向加官進禄八九
年来就忘了我了雨村道却十分面善浔緊只是一時想不起来那門子笑道
老爺真是貴人多忘事把出身之地竟忘了不記当年葫芦廟裡之事雨村听
了如雷震一驚方想起往事原来這門子本是葫芦廟内一个小沙弥因被火
之後無処安身欲投别廟去修行又耐不浔清凉景况因想这件生意到还輕
省熱鬧遂趁年紀蓄了髮充了門子雨村那裡料浔是他便忙攜手笑道原来

是故人又讓坐了好談这門子不敢坐雨村笑道貧賤之交不可忘你我故人也二則此係私室既欲長談豈有不坐之理这門子听説方告了坐斜還着坐了雨村因問方纔何故（有）不令發簽之故（意）这門子道老爺既榮任到这一省难道就沒抄一张本省護官符来不成雨村忙問何為護官符我竟不知門子道这还了得連（這）个不知怎能作得長遠如今凡作地方官者皆有一个私单上面寫的是本省最有權有勢極富極貴的大鄉紳名姓各省皆然倘若不知一时觸犯了这樣的人家不但官爵只怕連性命还保不成呢所以綽号叫作護官符方才所説的这薛家老爺如何惹得他：这件官司並無难断之処皆因都碍着情分面上所以如此一面説一面從順袋中取出一張抄寫的護官符来遞与雨村看时上面皆是本地大族名官之家的諺俗口碑其口碑排寫得明白

其下面所註的皆是自始祖官爵並房次石(名)頭亦曾抄寫了一張今拠石上所

抄云

賈不假　白玉為堂金作馬

阿房宮　三百里　住不下金陵一个史

東海缺少白玉床　龍王来請金陵王

豐年好大雪　珍珠如土金如鉄

雨村犹未看完忽听傳点人報王老爺来拜雨村听說忙具衣冠出去迎接有頓飯工夫方回来細問這門子這四家皆連絡有親一損皆損一榮皆榮扶持遮飾俱有照(應)應的今告打死人之薛就係豐年大雪之雪也不单告這(的這薛家就是)三家他的世交親友在都在外者本亦不少老爺如今拿(怎麽辦)誰去雨村听如此說便笑問

門子道如你這樣說來卻怎麼了結此案你大約也深知這凶犯躲的方向了
門子笑道不瞞老爺說不但這凶犯躲的方向我知道一併這拐賣之人我也
知道死鬼買主也深知道待我細說與老爺听這个被打之死鬼乃是本地一
个小鄉紳之子名喚馮淵自幼父母早亡又無兄弟只他一个人守着些薄產
过日子長到十八九歲上酷愛男風最厭女子這也是前生冤孽可巧遇見這
拐子賣丫頭他便一眼看上了這丫頭立意買來作妾立誓再不交結男子也
不再娶第二个了所以三日後方过門誰曉這拐子又偷賣與薛家他意欲捲
了兩家的銀子再逃往他省誰知又不曾走脫兩家拿住打了个臭死都不肯
收銀只要領人那薛家公子豈是讓人的便喝着手下人一打將馮公子打了
稀爛抬回家去三日死了這薛公子原是早已擇定日子上京去的頭起身兩

日前就偶然遇見这丫頭意欲買了就進京的誰知鬧出这事来就打了馮公
子奪了丫頭他便沒事人一般只管代了家眷走他的路他这里自有弟兄奴
僕在此料理也非並為此些ゝ小事值得他一逃走的这且別説老爷你当被
買之丫頭是誰雨村道我如何得知門子冷笑道这人算来还是老爷的大恩
人呢他就是葫芦庙旁住的甄老爺的小姐名喚菊英的雨村罕然道原来就
是他聞得養至五歲被人拐去却如今纔来賣呢門子道这一種拐子单管偷
拐五六歲的兒女養在一个僻靜之処到十一二歲度其容貌代(帶)至他鄉轉賣
当日这菊英我們天ゝ哄他玩耍虽隔了七八年如今十二三歲的光景其模
樣虽然出脱得齐整好些然大槩相貌自是不改熟人亦認(自然得)況且他眉心中原
有米粒大小的一点胭脂記從胎里代(帶)来(的)所以我却認得偏生这拐子又租了

我的房舍居住那日拐子不在家我也曾問他〻是被拐子打怕了的萬不敢說

只說拐子係他親爹因無錢償債故賣他我又哄（至）再四他又哭了只說我不記

得小時之事这可無疑了那日馮公子相看了兑了銀子拐子醉了他自嘆道

我今日醉〔罪〕孽可滿了後又听見馮公子令三日之後过門他又轉有憂愁之態

我又不忍〔看〕其形等拐子出去又命内人去解釋他这馮公子必待好日期來接

可知必不以丫嬛相看况他是个絕風流人品家里頗过得習素又最厭惡堂

客今竟破價買你後事不言可知只耐得三兩日何必憂悶他听如此說方纔

畧解憂悶自為從此得所誰料天下竟有这等不如意事第二日他便又賣与

薛家若賣与第二个人还好这薛公子的混名人称獃霸王最是天下第一个

弄性尚氣的人而且使錢如土遂打了个落花流水生拖死拽把个英菊拖去

如今也不知死活这馮公子空喜一場一念未遂花了錢送了命豈不可嘆雨
村听了亦嘆道这也是他們的孽障遭遇亦非偶然不然这馮渊如何偏只看
准了这菊英了拐子这几年折磨才得了个頭路且又是个多情的若能聚合
了到是件美事偏又生出这段事来这薛家総比馮渊富貴想其為人自然姬
妾衆多淫佚無度未必及馮渊定情于一人者这正是夢幻情缘恰遇一对薄
命兒女且不要議論他人只目今這官司如何剖断纔好門子笑道老爺当年
何其明決今日何反成了个没主意的人了小的聞得老爺補陞此任亦係賈
府王府之力此薛蟠即賈府之親老爺何不順水行舟作个整人情將此案了
結日後也好去見賈府王府兩村道你說的何嘗不是但是関係人命蒙皇上
隆恩起復委用實是重生再造正当殫心竭力圖报之時豈可因私而廢法是

我寔不能忍為者門子听了冷笑道老爺說的何嘗不是大道理但只是如今世
上是行不去的豈不聞古人有云大丈夫相时而動又曰趋吉避凶者為君子
依老爺这一說不但不能報効朝廷亦且自身不保还要三思為妥雨村低了
半日頭方說道依你怎庅樣門子道小人已想了一个極好的主意在此老爺明
日坐堂只管虛張声勢動文書發籤拿人原兇自然是拿不来的原告固是定
要將薛家族中及奴僕人等拿几个来拷問小的在暗中調停令他們報个暴
病身亡令族中及地方上共遞一張保呈老爺只說善能扶鸞請仙堂上設下
乩坛令軍民人等只管来看乩仙批了死者馮淵与薛蟠原因素孽相逢今狹
路既遇原應了結薛蟠今已得了無名之病被馮魂追索已死其禍皆因拐子
某人而起拐之人原係某鄉某姓人氏按法處治餘不略及等語小人暗中囑

托拐子令其寔招衆人見乩仙批語与拐子相符餘者自然也都不虛了薛家
有的是錢老爺断一千也可五百也可与馮家作烧埋之費那馮家無有甚要
緊的人不过為的是錢見有了这个銀子想来也就無話了老爷細想此計如
何雨村笑道不妥〻〻等我再斟酌〻〻或可壓服口声二人計議天色已晚
別無話說至次日坐堂勾取一応有名人犯雨村詳加審問果見馮家人口稀踈
不过賴此欲多得些烧埋之費薛家仗勢倚情偏不相讓故致顛倒未决雨村
便狥情罔法胡乱判断了此案馮家得了許多烧埋銀子也就無甚話說了雨
村断了此案急忙作書信二封与賈政並京营節度使王子騰不过說令甥之
事已完不必过慮等語此事皆由葫廟内之沙弥新門子所出雨村又恐他对
人說出当日貧賤時的事来因此心中大不樂業後来到底尋了个不是遠〻

的充發了当下言不着雨村且說那買英菊打死馮淵的薛公子亦係金陵人氏本是書香繼世之家只是如今这薛公子幼年喪父寡母又憐他是个獨根孤種未免溺愛縱容遂至老大無成且家中有百萬之富現領着内帑錢糧採辦雜料这薛公子学名薛蟠字表文起五歲性情奢侈言語傲慢虽也上过学畧識几字終日惟有鬪鷄走馬遊山玩水而已雖是皇商一應經濟世事全然不知不过賴父(祖)之旧情分戶部掛虛名支領錢粮其餘事体自有夥計老人家等措辦寡母王氏乃現任京營節(度)使王子騰之妹与榮國府賈政的夫人王氏是一母所生的姊妹今年方四十上下年紀只有薛蟠一子还有一女比薛蟠小两歲乳名宝釵生得肌骨瑩潤舉止嫻雅当日有他父親在日酷愛此女令其讀書識字較之乃兄竟高过十倍自父親死後見哥〻不能依貼母懷他便

不以書字為事只留心針黹家計等事好為母親分憂解勞近因今上崇詩尚
礼徵採才能降不世出之隆恩除聘選妃嬪外在仕宦名家之女皆親名達部
以備選為公主郡主入学陪侍充為才人贊善之職二則自薛蟠父親死後各省
中所有的買賣承局總管夥計人等見薛蟠年輕不諳世事便趁時拐騙起来
京都中几處生意漸亦消耗薛蟠素聞得都中乃第一繁華之地正思一遊更
趁此机会一為送妹待選二為望親三因親自入部銷美旧賬再計新支其實
為遊覽上國風光之意因此早已就打点下行裝細軟以及饋送親友各色土
物人情等類正擇日一定起身不想偏遇見了拐子重賣英菊薛蟠見英菊生
得不俗立意買他又遇馮家来奪人因恃強喝令手下豪奴将馮淵打死他便
将家中事務一一的嘱托了族中人並几个老家人他便待了母妹竟自起身

長行去了人命官司一事他竟識為兒戲自為花上几个臭錢沒有不了的在路不託其日那日已將入都时却又聞得母旧管轄着不能任意揮霍〻〻偏如今又陞出去了可知天從人愿因和母親商議道偺們京中虽有几処房舍只是这十来年沒人進京居住那看守的人未免偷着租賃与人須得先着几个人去打掃收拾才好他母親道何必如此招搖偺們这一進京原是先拜望親友或是在你旧〻家或是你姨爹家他兩家的房舍極是便宜的偺們先能着住下再慢〻的着人去收拾豈不消停些薛蟠道如今旧〻正陞了外省去家里自然忙乱起身偺們这工夫一窝一拖的奔了去豈不沒眼色他母親道你旧〻家虽陞了去还有你姨爹家况这几年来你旧〻姨娘兩處每〻帶信稍書接偺們来如今既来了你旧〻虽忙着起身你賈家姨娘未必不苦留我們

咱們且忙〻收拾房屋豈不使人見怪你的意思我却知道守着旧〻姨爹住
着未免拘緊了你不如你各自住着好任意施為你既如此你自去挑所宅子
去住我和你姨娘姊妹們别了这几年却要廝守几日我代了你妹子投你姨
娘家去你道好不好薛蟠見母親如此說情知扭不过的只得吩咐人夫一路
奔荣國府来那时王夫人已知薛蟠官司一事亏賈雨村維持了結才放了心
又見哥〻陞了边缺正愁又少了娘家的親戚来往更加寂寞过了几日忽家人
傳報姨太〻代了哥兒姐兒合家進京正在門外下車喜的王夫人忙代了女
媳人等接出大厅将薛姨媽等接了進去姊妹們暮年相会自不必說悲喜交
集泣笑叙濶一番忙又引了拜見賈母将人情土物各種酬献了合家俱廝見
过忙又治席接風薛蟠已拜見过賈政賈璉又引着拜見了賈赦賈珍等賈政

便使人上来对王夫人説姨太〻已有了春秋外甥年輕不知世路在外住省
恐有人生事咱們東北角上梨香院一所十来間房白空閒省打掃了請姨太
太和姐兒哥兒住了甚好王夫人未及留賈母也就遣人来説請姨太〻就在
这里住下大家親密些〻等語薛姨媽正要同居一処方可拘緊些〻兒若另住在
外又恐縱性惹禍遂忙道謝應允又私与王夫人説明一應日費供給一概免
却方是処常之法王夫人知他家不難于此遂亦從其愿從此後薛家母子就
在梨香院住了原来這梨香院即当日榮公暮年養静之所小〻巧〻約有十
餘間房屋前所後舍俱全另有一門通街薛蟠家人就走此門出入西南有一
角門通一夾道出夾道便是王夫人正房的東边了每日或飯後或晚間薛姨
媽便过来或与賈母閒談或与王夫人相叙日与代玉迎春姊妹等一処或看

書下碁或作針黹到也十分樂業只是薛蟠起初之心原不欲賈宅居住者但
恐姨父管約的緊料必不自在的無奈母親執意在此且宅中又十分殷勤苦
留只可暫且住下一面使人打掃出自己的房屋再移居过去的誰知自從在
此住了不上一月的日期賈宅族中凡有的子姪俱已認熟了一半凡是那些
紈褲氣習者莫不喜与他来往今日会酒明日觀花甚至聚賭嫖娼漸漸無所
不至引誘的薛蟠比当日更坏了十倍虽然賈政訓子有方治家有法一則族
大人多照管不到這些二則現任族長乃是賈珍彼乃寧府長孫又現襲職凡
族中事自有他掌管三則公私冗雜且素性瀟洒不以俗務為要每公暇之时
不过看書着棋而已餘事多不介意况且这梨香院相隔兩層房舍又有街門
另開任意可以出入所以這些子弟們竟可以放意暢懷的因此遂將移居之

念漸漸打滅了

石頭記 第五四

脂硯齋重評石頭記卷之

第五回

遊幻境指迷十二釵　飲仙醪曲演紅楼夢

第四回中既將薛家母子在栄府内寄居等事略已表明此回則暫不能寫矣如今且說林代玉自在栄府一来賈母萬般怜爱寢食起居一如宝玉迎春探春惜春三个親孫女到且靠後便是宝玉和代玉二人之親密友愛処亦自較別个不同日則同行同坐夜則同息同止真是言和意順略無參商不想如今忽然来了一个薛宝釵年歲虽大不多然品格端方容貌豐美人多謂代玉所不及而且宝釵行為豁達随分從时不比代玉孤高自許目無下塵故比代玉大得下人之心便是那些小丫頭子們亦多喜与宝釵去頑因此代玉心中便

有些悒鬱不忿之意宝釵却渾然不覺那宝玉亦在孩提之間况自天性所禀来的一片愚拙偏僻視姊妹弟兄皆出一意並無親踈遠近之別其中因与代玉同隨賈母一处坐卧故略与別个姊妹熟慣些既熟慣則更覺親密既親密則不免一时有求全之毁不虞之隙这日不知為何他二人言語有些不合起来代玉又氣的独在房中垂泪宝玉又自悔言語冒撞前去俯就那代玉方漸漸的回轉来因東边寧府中花園内梅花盛開賈珍之妻尤氏乃治酒請賈母邢夫人王夫人等賞花是日先攜了賈蓉夫妻二人来面請賈母等于早飯後过来就在会芳園遊玩先茶後酒不过皆是寧榮二府女眷家宴小集並無別樣新文趣事可記一時宝玉倦怠欲睡中覺賈母命人好生哄着歇一回再来賈蓉之妻秦氏便忙笑回道我們这里有給宝叔叔收拾下的屋子老祖宗放心只

管交与我就是了又向宝玉的奶娘丫嬛等道嬷〻姐〻們請宝叔随我这里
来賈母素知秦氏是个極妥当的人生淂嫋娜纖巧行事又溫柔和平乃衆孫
媳中第一个得意之人見他去安置宝玉自是安稳的当下秦氏引了一簇人
来至上房内間宝玉抬頭看見一付画貼在上面画的人物固好其故事燃藜
圖也不看係何人所画心中便有些不快又有一付对聨寫的是

世上洞明皆学問　人情練達即文章

及看了這兩句縱然室宇精美鋪陳華麗亦斷〻不肯在这里了忙說快去〻
秦氏听了笑道这里还不好可往那里去呢不然往我屋里去罢宝玉点頭微
笑有一个嬷〻說道那里有个叔〻往侄兒房里睡覺的理秦氏笑道嗳喲〻
不怕他惱他能多大呢就忌諱这些个上月你没看見我那个兄弟来了虽然

与宝叔同年两个人若站在一处只怕那个还高些呢宝玉道我怎庅没見过你
代他来我瞧〻衆人笑道隔着二三十里往那里代去見的日子有呢說着大
家来至秦氏房中剛至房門便有一股細〻的甜香襲人来到宝玉覔得眼餳
骨軟連說好香入房向壁上看时有唐伯虎画的海棠春睡圖两边有宋學士
秦太虛寫的一付对聯其聯云

嫩寒鎖夢因春冷　芳氣籠人是酒香

案上設着武則天当日鏡室中設的宝鏡一边擺着飛燕立着舞过的金盤〻
内盛着安禄山擲过傷了太真乳的木瓜上面設着寿昌公主于含章殿下卧的
榻懸的是同昌公主製的聯珠帳宝玉含笑連說这里好秦氏笑道我这屋子
大約神仙也可以住得了說着親自展開了西子洗过的紗衾移了紅娘抱过

的夗枕于是衆奶母伏侍宝玉卧好欵〻散了只畄襲人媚人晴雯麝月四个丫𡚱為伴秦氏便分咐小丫𡚱們好生在廊簷下看着猫兒狗兒打架那宝玉剛合上眼便惚〻的睡去犹似秦氏在前遂悠〻蕩〻随了秦氏至一所在但見朱欄白石緑樹清溪真是人迹希逢飛塵不到宝玉在夢中欢喜想道这个去処有趣我就在这里过一生縂然失了家也愿意強如天〻被父母師傅打呢正胡思之間忽听山後有人作歌曰

春夢随雲散　飛花逐水流

寄言衆兒女　何必覓閒愁

宝玉听了是女子的声音歌音未息早見那边走出一个人来蹁躚嫋娜端的与人不同有賦爲証

方離柳塢乍出桃房但行處鳥驚庭樹將到时影度廻廊仙袂乍飄兮聞麝蘭之
馥郁荷衣欲動兮听环珮之鏗鏘靨笑春桃兮雲堆翠髻唇綻櫻顆兮榴齒含
香纖腰之楚々兮廻風舞雪珠翠之輝々兮滿額鵝黄出沒花間兮宜嗔宜喜
徘徊池上兮若飛若揚蛾眉顰笑兮將言而未語蓮步乍移兮待止而欲行羡
彼之良質兮氷清玉潤慕彼之華服兮烱灼文章愛彼之貌容兮香培玉琢美
彼之態度兮鳳翥龍翔其素若何春梅綻雪其潔若何秋蘭被霜其静若何松生空
谷其艷若何霞映池塘其文若何龍遊曲沼其神若何月射寒江應慚西子寔
愧王嬙奇矣哉生于孰地来自何方信矣乎瑶池不二紫府無雙果何人哉如
斯之美也
宝玉見是一个仙姑喜的忙来作揖問道神仙姐々不知從那里来如今要往

那里去也不知这是何処望乞攜帶：：　那仙姑笑道吾居離恨天之上灌愁海之中乃放春■[巖]遣香洞太虛幻境警幻仙姑是也司人間風情月債掌塵世之女怨男痴因近來風流冤孽纏綿于此處是以前來放[訪]察机会佈散相思今忽与尔相逢亦非偶然此離吾境不遠別無[他]地物僅有自採仙茗一盞親釀美酒一甕素練魔舞歌姬数人新填紅樓夢仙曲十二支試随吾一遊否宝玉听説便忘了秦氏在何処竟随了仙姑至一所在有石牌横建上書太虛幻境四个大字兩边一付对聯乃是

假做真时真亦假　無為有処有还無

轉过牌坊便是一座宮門上横書四个大字道是孽海情天又有一付对聯大書云

厚地高天堪嘆古今情不盡
痴男怨女可憐風月債難償

宝玉看了心下自思道原来如此但不知何為古今之情何為風月之債從今到要領畧〻〻宝玉只顧如此一想不料早把些邪魔招入膏肓當下隨了仙姑進入二層門内至兩边配殿皆有匾額对联一时看不尽許多惟見有几处寫的是痴情司結怨司朝啼司夜怨司春感司秋悲司看了因向仙姑道敢煩仙姑引我到那各司中遊玩〻〻不知可使得仙姑道此各司中皆貯的是普天之下所有的女子過去未来的簿册尔凡眼塵軀未便先知的宝玉听了那里肯依復央之再四仙姑無奈說也罢就在此司内畧隨喜〻〻罢了宝玉喜不自勝抬頭看这司的匾上乃是薄命司三字兩边对联寫的是

春恨秋悲皆自惹　花容月貌為誰妍

宝玉看了便知感嘆進入門来只見有十數个大厨皆用封條封着看那封條上皆是各省的地名宝玉一心只揀自己的家鄉封條看遂無心看别省的了只見那边厨上封條上大書七字云金陵十二釵正册宝玉問道何為金陵十二釵册警幻道即貴省中十二冠首女子之册故為正册宝玉道常听人說金陵極大怎庅只十二个女子如今单我家里上〻下〻就有几百女孩子呢警幻冷笑道者〻女子固多不过擇其緊要者録之下边二厨則又次之餘者庸常之輩則無册可録矣宝玉听說再看下首二厨上果然寫着金陵十二釵副册又一个寫着金陵十二釵又副册宝玉便伸手先将又副册厨開了拿出一本册来揭開一看只見这首頁上画着一付画又非人物也無山水不过是水

墨滃的滿紙烏雲濁霧而已後有几行字迹寫的是
霽月難逢　彩雲易散　心比天高　身為下賤　風流灵巧招人怨　寿
夭多因毀謗生　多情公子空牽念
宝玉看了又見後面画着一簇鮮花一床破蓆也有几句言詞寫道是
枉自溫柔和順　空云似桂如蘭　堪羨優伶有福　誰知公子無緣
宝玉看了不解遂擲下这个又去開了副册拿起一本册来揭開看时只見画
着一株桂花下面有一池沼其中水涸泥乾蓮枯藕敗後面書云
根並荷花一莖香　平生遭際實堪傷
自從兩地生孤木　致使香魂返故鄉
宝玉看了仍不解他又擲了再去取正册看时只見頭一頁上便画着兩株枯

木：上懸着一圍玉帶又有一堆雪：下一股金簪也有四句言辞道是

可嘆停机德　　堪怜咏絮才

玉帶林中掛　　金簪雪裡埋

宝玉看了仍不解待要問時情知他必不肯洩漏待要丢下又不捨遂又往後看時只見画着一張弓：上掛着香櫞也有一首歌詞云

二十年来辦是非　　榴花開処照宮闈

三春争及初春好　　虎兕相逢大夢帰

後面又画着兩人放風箏一片大海一支大船：中有一女子掩面泣涕之狀也有四句寫云

才自精明志自高　　生于末世運偏消

清明涕送江边望　千里東風一夢遥

後面又画几縷飛雲一湾逝水其詞曰

富貴又何為　襁褓之間父母違

展眼弔斜輝　湘江水逝楚雲飛

後面又画着一塊美玉落在泥垢之中其斷語云是

欲潔何曾潔　云空未必空

可憐金玉質　終陷淖泥中

後面忽見画着个悪狼追撲一美女欲啖之意其書云

子係山中狼　得志便猖狂

金閨花柳質　一載赴黄梁

後面便是一所古庙裡面有一美人在内看經獨坐其判云

勘破三春景不長　緇衣頓改昔年粧

可怜綉户侯門女　独卧青灯古佛傍

後面便是一片氷山上面有一隻雌鳯其判曰

凡鳥偏從末世来　都知爱慕此生才

一從二令三人木　哭向金陵事更哀

後面又是一座荒村野店有一美人在那里紡績其判云

事敗休云貴　家亡莫論親

偶因濟刘氏　巧得遇恩人

後面又画着一盆茂蘭傍有一位鳯冠霞帔的美人也有判云

十

桃李春風結子完　到頭誰似一盆蘭

如氷水好空相妒　枉与他人作笑談

後面又画着高楼大厦有一美人懸梁自縊其判云

情天情海幻情身　情既相逢必主淫

漫言不肖皆榮出　造釁開端实在寧

宝玉还欲看時那仙姑知他天分高明性情頴慧恐把仙机洩漏遂掩了卷册笑向宝玉道且隨我去遊玩奇景何必在此打这悶葫芦宝玉恍恍惚惚不覺棄了卷册又隨了警幻来至後面但見珠簾綉幙画棟雕簷說不尽那光搖朱户金鋪地雪照瓊窓玉作宮更見仙挑馥郁異草芬芳真好个所在又听警幻笑道你們快出来迎接貴客一語未了只見房中又走出几个仙子来皆是荷

袂蹁躚羽衣飄舞姣若春花媚如秋月一見了宝玉都怨謗警幻道我們不知係何貴客忙的接了出来姐〻曾說今日今時必有絳珠妹子的生魂前来游玩故我等久待何故反引这濁物来污染这清净女兒之境宝玉听如此說便嚇得欲退不能退果竟自形污穢不堪警幻忙攜住宝玉的手向衆姊妹道你等不知原委今日原欲往栄府去接絳珠適從寧府所过偶遇寧栄二公之灵嘱吾云吾家自國朝定鼎以来功名奕世富貴傳流虽歷百年奈運終数尽不可挽回者故遺之子孫虽多竟無可以継業其中惟嫡孫宝玉一人禀性乖張生情怪譎虽聰明灵会略可望成無奈吾家運数合終恐無人規引入正幸仙姑偶来可望先以情欲声色等事警其痴頑或能使彼跳出迷人圈子然後入于正路亦吾兄弟之幸矣如此嘱吾故發慈心引彼至此先以彼家上中下三等

女子之終身冊籍令彼熟玩尚未覺悟故引彼再至此处令其再歷飲饌声色之幻或冀將来悟亦未可知也説畢攜了宝玉入室但聞一縷幽香竟不知其所焚何物宝玉遂不禁相問警幻冷笑道此香塵世中既無尓何能知此香乃係諸名山勝境内初生異卉之精合各種宝林諸樹之油所製名羣芳髓宝玉听了自是羡慕而已大家入坐小丫妳捧上茶来宝玉自覺清香異味純美非常因又問何名警幻道此茶出在放春巘遣香洞又以鮮花灵葉上所帶之宿露而烹此茶名曰千紅一窟宝玉听了点頭称賞因看房内瑶琴宝鼎古画新詩無所不有更喜窓下亦有唾絨奩間时漬粉污壁上也見懸着一付对聯其書云

幽微灵秀地　無可奈何天

宝玉看畢無不羡慕因又請問衆仙姑姓名一名痴夢仙姑一名鍾情大士一
名引愁金女一名度恨菩提各道好号不一少刻有小丫嬛来調桌安椅設擺
酒饌真是瓊漿满泛玻璃盞玉液濃斟琥珀杯更不能用再説那餚饌之盛宝
玉因聞得此酒清香甘冽異乎尋常又不禁相問警幻道此酒乃以百花之蕋
萬木之汁加以麟髓之醅鳳乳之麯釀成因名為方艶同杯宝玉称賞不迭飲
酒間又有十二个舞女上来請問演何詞曲警幻就道將新製紅楼夢十二支
演上来舞女們荅应了便輕敲檀板欵按銀箏听他歌道是

開闢鴻蒙

方歌了一句警幻便説道此曲不比塵世中所填傳奇之曲必有生旦淨末之
則又有南北九宫之限此或咏嘆一人或感怀一事偶成一曲即可譜入管絃

若非箇中人不知其中之妙料尓亦未必深明此調若不先閱其稿後听其歌
翻成嚼臘矣説畢回頭命小丫嬛取了紅楼夢原稿来遞与宝玉、：揭起一
面目視其文一面耳聆其歌曰

紅楼夢引子　開闢鴻濛　誰為情種　都只為風月情濃
奈何天　傷懷日　寂寥時　試遣愚衷　因此上演出這懷
金悼玉的紅楼夢

〔終身悮〕　都道是金玉良姻　俺只念木石前盟　空対着山中
高士晶瑩雪　終不忘世外仙姑寂寞林　嘆人間美中不足今方
信　縱然是齊眉舉案　到底意难平

〔枉凝眉〕　一个是閬苑仙葩　一个是美玉無瑕　若説沒奇緣

今生偏又遇着他　若説有奇緣如何心事終虛化　一个枉自嗟

呀　一个空劳牽掛　一个是水中月　一个是鏡中花　想

眼能有多少泪珠兒　怎經得秋流到冬尽春流到夏

宝玉听了此曲散漫無稽不見淂好処但其声韵悽惋竟能銷魂醉魄因此也

不察其原委問其來歷就暫以此釋悶而已因又看下道

〔恨無常〕　喜荣華正好　恨無常又到　眼睁〻把萬事全拋

蕩悠〻把芳魂消耗　望家鄉路遠山高　故向爹娘夢裡相尋告

兒命已入黄泉　須要退步抽身早

〔分骨肉〕　一帆風雨路三千　把骨肉家園斉来拋閃　恐哭損

残年　告爹娘休把兒懸念　自古窮通皆有定　離合豈無緣

從今分兩地　各自保平安　奴去也莫牽連〕

〔樂中悲〕襁保中父母嘆奴亡　縱居那綺羅叢誰知嬌養　幸

生来英豪濶大寛宏量　從来將兒女私情略縈心上　好一似霽

月光風耀玉堂　厮配得才貌仙郎　愽得个地久天長　準折

得幼年時坎坷形狀　終久是雲散高唐　水涸湘江　塵寰中

消長數應當　何必枉悲傷

〔世難容〕氣質美如蘭　才華阜比仙　天成生孤癖人皆罕

你道是啖肉食腥羶　視綺羅俗厭　却不知太高人愈妬　过

潔世同嫌　可嘆這青灯古殿人將老　辜負了紅粉朱樓春色闌

到頭来依旧是風塵骯髒違心願　好一似無瑕白玉遭泥陷

又何須王孫公子嘆無緣

〖喜冤家〗中山狼　無情獸　全不念当日根由　一味的驕奢淫蕩貪还構　覰着那侯門艶質同蒲栁　作賤的公府千金似下流　嘆芳魂艶魄　一載蕩悠〻

〖虚花悟〗將那三春看破　桃紅栁緑待如何　把这韶華打滅　覔那清淡天和　説什庅天上夭桃盛　雲中杏蕋多　到頭来誰把秋捱过　則看那白楊村里人嗚咽　青楓林下鬼吟哦　更兼着連天衰草遮坟墓　这的是昨貧今富人勞碌　春榮秋謝花折磨　似这般生関死刼誰能躲　聞説道西方宝樹喚婆娑　上結着長生菓

〔聰明累〕机関筭尽太聰明　反筭了輕々性命　生前心已碎
死後性空灵　家富人寧終有个家亡人散各奔騰　枉費了意
懸々半世心　好一似蕩悠々三更夢　忽喇々似大厦傾　昏
慘々似燈將盡　呀　一塲欢喜忽悲辛　嘆人世終难定
〔留餘慶〕留餘慶々々忽遇恩人　幸娘親々々積得陰功　劝
人生濟困扶窮　休似俺那愛銀錢忘骨肉的狠旧奸兄　正是承
除加減上有蒼穹
〔晚韶華〕鏡裡恩情　更那堪夢裡功名　那美韶華去之何迅
再休提繡帳鴛衾　只這帶珠冠　披鳳袄　也抵不了無常
性命　虽說是人生莫受老來貧　也須要陰騭積兒孫　氣昂

昂頭代簪纓〻〻　光燦〻胸懸金印　威赫〻爵祿高登

〻〻　昏慘〻黃泉路近　古來將相可还存　也只是虛名兒

与後人欽敬

〔好事終〕画梁春盡落香塵　擅風情　秉月貌　便是敗家

的根本　箕裘頹墮皆從敬　家事消亡首罪寧　宿孽總因

情

〔收尾〕飛鳥各投林　為官的家業凋零　富貴的金銀散尽

有恩的死裡逃生　無情的分明报应　欠命的命已还　欠

淚的淚已盡　冤〻相报寔非輕　分離聚合皆前定　欲知命

短問前生　老來富貴也真僥倖　看破的遁入空門　痴迷的枉

送了性命　好一似食尽鳥投林　落了一片白茫茫大地真
乾净
歌畢还要歌副曲警幻見宝玉甚無趣味因嘆痴兒竟尚未悟那宝玉忙止歌
姬不必再唱自覚朦朧恍惚告酔求卧警幻便命撤去残席送宝玉至一香閨綉
閣之中其間鋪陳之盛乃素所未見之物更可駭者早有一位女子在内其鮮艷
嫵媚有似乎宝釵風流嬝娜則又如代玉正不知何意忽警幻道塵世中多少
富貴之家那些緑窓風月綉閣烟霞皆被淫污紈袴与那些流蕩女子悉皆玷
辱更可恨者自古来多少軽薄浪子皆以好色不淫為事又以情而不淫為案
此皆飾非掩醜之語也好色即淫知情更淫是以巫山之会雲雨之欢皆由既
悦其色復恋其情所致也吾所爱汝者乃天下古今第一淫人也宝玉听了唬

的忙荅道仙姑差了我因懶于讀書家父母尚每垂訓飭豈敢再冒淫字况且年紀尚小不知淫字為何物警幻道非也淫虽一理意則有别如世之好淫者不过悦容貌喜歌舞調笑無厭雲雨無时恨不能盡天下之美女供我片时之趣興此皆皮膚淫濫之蠢物耳如尔則天分中生成一段痴情吾輩推之為意淫意淫二字惟心会而不可口傳可神通而不可語達汝今独得此二字在閨閣中固可為良友然于世道中未免迂濶怪詭百口嘲謗万目睚眦今既遇令祖寧榮二公剖腹深囑吾不忍君独為我閨閤增光見棄于世道是以特引前来醉以灵酒沁以仙茗警以妙曲再将吾妹一人乳名蕪美字可卿者許配于汝今夕良时即可成姻不过領汝領略此仙閨幻境之風光尚如此何况塵境之情景哉而今後万万解釋改悟前情留意于孔孟之間委身于經濟之道說畢

便秘授以雲雨之事推宝玉入房將門掩上自去那宝恍：惚：依警幻所囑
之言未免有兒女之事难以尽述至次日便柔情繾綣軟語溫存与可卿难觧
难分因二人攜手出去遊玩之时忽至了一个在所但見荊榛遍地狼虎同群
迎面一道黑溪阻路並無橋梁可通正在猶豫之間忽見警幻後面追來告道
快休前進作速回頭要緊宝玉忙止步問道此係何处警幻道此即迷津也深
有万丈遥亘千里中無舟楫可通只有一个木筏乃木居士掌柁灰侍者掌篙
不受金銀之謝但遇有緣者渡之耳今偶遊至此设如墮落其中則深負我從
前諄：警戒之語矣話犹未了只听迷津内水响如雷竟有許多夜义海鬼將
宝玉拖將下去嚇得保玉汗下如雨一面失声喊叫可卿就我嚇得襲人輩衆
丫鬟忙上來摟住叫宝玉別怕我們在这里却說秦氏正在房外囑咐小丫頭

們好生看着猫兒狗兒打架忽听宝玉在夢中唤他的小名因納悶道我的小

名这里從没人知道的他如何知道在夢里叫出来正是

一場幽夢同誰近　　千古情人独我痴

石頭記 第六回

脂硯齋重評石頭記卷之

第六回

賈宝玉初試雲雨情　　刘姥〻一進榮國府

却説秦氏因听見宝玉從夢中唤他的乳名心中自是納悶又不好細問彼时宝玉迷〻惑〻若有所失衆人忙端上桂圓湯来呷了兩口遂起身整衣襲人伸手与他繫褲帶时不覔伸手至大腿処只覔氷凉一片沾濕唬的忙退出手来問是怎应了宝玉紅漲了臉把他的手一捻襲人本是个聡明女子年紀本又比宝玉大兩歲近来也漸通人事今見宝玉如此光景心中便覔猜一半了不覔也羞的紅漲了臉面不敢再問仍旧理好衣裳遂至賈母処来胡乱吃畢了晚飯过这边来襲人趁衆奶娘丫嬛不在傍时另取出一件中衣来与宝玉更

換上宝玉含羞央告道好姐〻千万別告訴人襲人亦含羞笑問道你夢見什
庅故事〻是那里流出来的那些臟東西宝玉道一言难尽說着便把夢中之
事細說与襲人听了然後說至警幻所授雲雨之情羞的襲人掩面伏身而笑
宝玉亦素喜襲人柔媚嬌俏遂强襲人同領警幻所訓雲雨之事襲人素知賈
母已将自己与了宝玉的今便如此亦不為越理遂合宝玉偷試一番幸得無
人撞見自此宝玉視襲人更比別个不同襲人待宝玉更為尽心暫且別無話
說按榮府中一宅人合筭起来人口虽不多從上至下也有三四百丁虽事不
多一天也有一二十件竟如乱麻一般並無个頭續〔緒〕可作綱領正尋思從那一
件事自那一个人寫起方妙恰好忽從千里之外芥荳之微小〻一个人家因
与榮府畧有些瓜葛这日正往榮府中来因此便就此一家說来到还是頭緒

你道这一家姓甚名誰又与榮府有甚瓜葛且听細講方才所説的這小〻之
家乃本地人氏姓王祖上曾作过小〻的一个京官昔年与鳳姐之祖王夫人
之父認識因貪王家的勢利便連了宗認作侄兒那時只有王夫人之大兄鳳
姐之父与王夫人隨在京中的知有此一門連宗之族餘者皆不認識目今其
祖已故只有一个兒子名喚王成因家業消條仍搬出城外原鄉中住去了王
成新近亦因病故只有其子小名狗兒〻〻亦生一子小名板兒嫡妻刘氏又
生一女名喚青兒一家四口仍以務農為業因狗兒白日間又作些〻生計刘氏
又操井臼等事青板姊妹兩个無人看管狗兒遂將岳母刘姥〻接來一処过
活这刘姥〻乃是个積年的老寡婦膝下又無兒女只靠幾畝薄田度日今者女
婿接來養活豈不願意遂一心一計幫趁着女兒女婿过活起來因这年秋尽〻

冬初天氣冷将上来家中冬〻事未辦狗兒未免心中煩慮吃了几杯悶酒在家
閒尋氣惱刘氏也不敢頂撞因此刘姥〻看不过乃劝道姑爺你别嗔自我多
嘴咱們村庄人那一个不是老〻誠〻的守多大碗兒吃多大的飯你皆因年
小的时候托着你那老家之福吃喝慣了如今所以把持不住有了錢就顧頭
不顧尾沒了錢就瞎生氣成个什么男子汗大丈夫呢如今咱們虽離城住着終
是天子脚下这長安城中遍地都是錢只可惜沒人会去拿去罢了在家跳蹋
会子也不中用狗兒听説便急道你老只会炕頭兒上混説难到叫我打劫偷
去不成刘姥〻道誰叫你偷去呢也到底想法兒大家裁度不然那銀子錢自
已跑到咱家来不成狗兒冷笑道有法兒还等到这会子呢我又沒有个収税
的親戚又無作官的朋友有什么法子可想的便有也只怕他們未必来理我

們呢刘姥：道这到不然謀事在人成事在天咱們謀到了看菩薩的保佑有些机会也未可知我到替你們想出一个机会来当日你們原是和金陵王家連过宗的二十年前他們看承你們还好如今自然是你們拉硬屎不肯去親近他故踈遠起来想当初我和女兒还去过一遭他們家的二小姐着寔响快会待人到不拿大如今現是荣國府賈二老爷的夫人听得説如今上了年紀越發怜貧惜老最爱齋僧敬道捨米捨錢的如今王府虽陞了边任只怕这二姑太：还認得咱們你何不去走動：或者他念旧有些好処也未可知只要他發一点好心拔一根寒毛比咱們的腰还粗呢刘氏一旁接口道你老虽説的是但只你我这様个嘴臉怎庅好到他門上去的先不先他們那些門上的人也未必肯去通信没的去打嘴現世誰知狗兒利名心最重听見此一説

心下便有活動起来又听他妻子这話便笑接道姥：既如此說况且当年你
又見过这姑太：一次何不你老人家明日就走一淌先試：風頭再說刘姥
：道嗳哟：是啊人云侯門深似海我是个什庅東西他家人又不認得我：
去了也是白去的狗兒笑道不妨我教与你老人家一个法子你竟代了外孫
子板兒先去找陪房周瑞若見了他就有些意思了这周瑞先時曾合我父親
交过一件事我們極好的刘姥：道我也知道他的只是許多时不走知道他
如今是怎樣这也說不淂了你又是个男人又这樣个嘴臉自然去不得我們
姑娘年輕媳婦子也难賣頭賣脚的到还是捨着我这付老臉去碰一碰果然
有些好処大家都有益便是沒銀子来我也到那公府侯門見一見世面也不
枉我一生說畢大家笑了一回当晚計議一定次日天未明刘姥：便起来梳

洗了又将板兒教訓了几句那板兒才五六歲的孩子一無所知听見代他進
城曠去便喜的無不应承于是刘姥々代他進城找至寧榮街来至榮府大門
石獅子前只見簇々轎馬刘姥々便不敢过去且撣了撣衣服又教了板兒几
句話然後走到角門前只見几个挺胸叠肚指手画脚的人坐在大板凳上説
東談西呢刘姥々只得蹭上来問太爺們納福衆人打諒了他一会便問那裡
来的刘姥々陪笑道我找太々的陪房周大爷的煩那位太爺替我請他老出
来那些人听了都不揪採半日方説道你遠々的在那墻角下等着一会子他
們家有人就出来的内中有一老年人説道不要悮他的事何苦要他因向刘
姥々道那周大爺已往南边去了他在後一代住着他娘子却在家你要找时
從这边遶到後街上後門上去問就是了刘姥々听了謝过随代了板兒繞到

後門上只見門前歇肴些〻生意担子也有賣吃的也有賣頑耍物件的鬧吵〻
三二十个小孩子那里厮鬧刘姥〻便拉住一个道我問哥兒一声有个周大
娘可在家庅孩子們道那个周大娘我們这里周大娘有三个呢还有兩个周
奶〻不知是那一个行当上的刘姥〻道是太〻的陪房周瑞之妻孩子們道这个
容易你跟我来說肴跳蹿〻的引肴後刘姥〻進了後門至一院墻边指与刘姥
姥道就是他家又叫道周大娘有个老奶〻来找你呢我帶了来了周瑞家的
在内听說忙迎了出来問是那位刘姥〻忙迎上来問道好呀周嫂子周瑞家
的認了半日方笑道刘姥〻你好呀你說〻能几年我就忘了請家裡来坐罢
刘姥〻一壁里走肴一壁笑說道你老是貴人多忘事那里还記得我們呢說
着来至房中周瑞家的命雇的小丫頭到上茶来吃肴周瑞家的又問板兒道

你都長这們大了又問些別後閒話又問刘姥〻今日还是路过还是特来的
刘姥〻便說原是特来瞧〻嫂子你二則也請〻姑太〻的安若可以領我見
一見更好若不能便借重嫂子轉致意罢了周瑞家的听了便已猜省几分来
意只因昔年他丈夫周瑞争買田地一事其中多淂狗兒之力今見刘姥〻如
此而来心中难却其意二則也要現弄自已的体面听如此說便笑說道姥〻
你放心大遠的誠心誠意来了豈有个不教你見个真佛去的呢論理人来客
至回話却不与我相干我們这里各占一樣兒我們男的只管春秋两季地租
子閒时只代肖小爺們出門子就完了我只管跟太〻奶〻們出門的事皆因
你原是太〻的親戚又拿我当个人投奔了我来我就破个例給你通个信去
但只一件姥〻有所不知我們这里又不比五年前了如今太〻竟不大管事

都是璉二奶〻管家了你道这璉二奶〻是誰就是太〻的内侄女当日大旧
老爺的女兒小名鳳哥的刘姥〻听了罕問道原来是他怪道呢我当日就説
他不錯呢这等説来我今兒还得見他了周瑞家的道这自然的如今太〻事
多心煩有客来了略可推得去的就推过去了都是鳳姑娘周旋迎待今兒寧
可不会太〻到要見他一面才不枉这里来一遭刘姥〻道阿弥陀佛全仗嫂
子方便了周瑞家的道説那里話俗語説的与人方便自己方便不过用我説
一句話罢了害着我什庅説着便叫小丫頭到倒厅上悄〻的打听〻〻老太
太屋里摆了飯了没有小丫頭去了这里二人又説些閒話刘姥〻因説这鳳
姑娘今年大还不过二十歲罢了就这等有本事当这樣的家可是难得的周
瑞家的听了道我的姥〻告訴不得你呢这位鳳姑娘年紀虽少行事却比世

人都大呢如今出挑的美人一様的模樣兒少説些〻有一万个心眼子再要賭口齒十个会説話的男人也説他不过回来你見了就信（知道）了就只一件待下人未免太嚴些〻个説着只見小丫頭回来説老太〻屋里已擺完了飯了二奶〻在太〻屋里呢周瑞家的听了連忙起身催着刘姥〻説快走〻〻这一下来他吃飯是个空子（兒）咱們先赶着去若遲一步回事的人也多了难説話再歇了（晌）中覺越發没了时候了説着一齊下了炕打掃〻〻衣服又教了板兒几句話随着周瑞家的逶迤往賈璉的住处来先到了倒厅周瑞家的将刘姥〻安插在那里畧等一等自已先过了迎壁進了院門知鳳姐未出来先找着鳳姐的一个心腹通房大丫頭名喚平兒周瑞家的先将刘姥〻起初来歷説明又説今日大遠的特来請安当日太〻是常会的今兒不可不見所以我代（帶）了他進

来了等奶々下来我細々回明奶々想也不責備我莽撞的平兒听了便作了主意叫他們進来先在这里坐省就是了周瑞家的听了方出去引他兩个進入院来上了正房台矶小丫頭打起猩紅毡簾才入堂屋只聞一陣香撲了臉来竟不辯是何氣味身子如在雲端里一般滿屋中之物都耀眼争光的使人頭懸目眩刘姥々此时惟点頭咂嘴念佛而已于是来至東边这間屋内乃是賈璉的女兒大姐兒睡覺之所平兒站在炕沿边打量了刘姥々兩眼只得問个好讓坐刘姥々見平兒遍身綾羅插金代銀花容玉貌的便当是鳳姐兒了才要称姑奶々忽見周瑞家的称他是平姑娘又見平兒赶省周瑞家的稱周大娘方知不过是个有些体面的丫頭了于是讓刘姥々合板兒上了炕平兒合周瑞家的对面坐在炕沿上小丫頭子們斟了茶来吃茶刘姥々只听見咯

噹：：的响声大有似乎打籮櫃篩麪的一般不免東瞧西望的忽見堂屋中柱子上掛着一个匣子底下又墜着一个秤砣般一物却不住的乱愰刘姥：心中想着这是什庅爱物兒有甚用呢正猷时只听得噹的一声又若金鐘銅磬的一般不防到唬的一展眼接着又是一連八九下方欲問时只見小丫頭們斉乱跑説奶：下来了周瑞家的与平兒忙起身命刘姥：只管等着是时候我們来請你説着都迎出去了刘姥：只屏声側耳默候只听遠：有人笑声約有一二十婦人都捧着大漆捧盒進这边来等候听得那边説了声摆飯漸：人才散出只有伺候端菜的几个人半日鴉雀不聞之後忽見二人抬了一張炕桌来放在这边炕上桌上碗盤森列仍是満：的魚肉在内不过略動了几樣板兒一見了便吵着要肉吃刘姥：一把掌打了他去忽見周瑞家的笑

嘻〻走过来招手兒呌他刘姥〻会意于是代(帶)了板兒下炕至堂屋中周瑞家
的又和他唧咕了一回方过这边屋裡来只見門外鏨銅鈎上懸着大紅撒花
軟簾南窓下是炕〻上大紅毡條靠東边板壁立着一个鎖子錦靠背与一个
引枕鋪着金心閃緞大坐褥旁边有雕漆痰盒那凤姐兒家常代(帶)着秋板貂鼠
招(昭)君套圍着攢珠勒子穿着桃紅撒花袄石青刻絲灰鼠披风大紅洋縐良鼠
皮裙粉光脂艶端〻正〻坐在那里手内拿着小銅火炷兒撥手炉内的灰平
兒站在炕沿边捧着小〻的一个填漆茶盤〻内一个小盖鐘凤姐也不接茶
也不抬頭只管撥手炉内的灰漫〻的問道怎庅还不請進来一面說一面抬
身要茶时只見周瑞家的已代(帶)了兩个人在地下站着呢这才忙欲起身犹未
起身時滿面春風的問好又嗔着周瑞家的怎庅不早說刘姥〻在地下已是

拜了数拜問姑奶〻安鳳姐忙説周姐〻快攙起来別拜罢請坐我的年輕不大認得可也不知是什庅輩数不敢称呼周瑞家的忙回道这就是我才回的那姥〻了鳳姐点頭刘姥〻已在炕沿上坐了板兒便躲在背後百般的哄他出来作揖他死也不肯鳳姐兒笑道親戚們不大走動都踈遠了知道的呢説你們棄厭我們不肯常来不知道的那起小人还只当我們眼里没人是的刘姥〻忙念佛道我們家道艱难走不起来了这里没的給姑奶〻打嘴就是管家爷們看着也不像鳳姐兒笑道这話没的呌人恶心不过借賴着祖父虚名作了窮官兒誰家有什庅不过是个旧日的空架子俗語説朝廷还有三門子窮親戚呢何况你我説着又問周瑞家的回了太〻了没有周瑞家的道如今等奶〻的示下鳳姐道你去瞧〻要是有人有事就罢得閒兒呢就回看怎庅説

周瑞家的荅应着去了这里鳳姐叫人抓些々菓子与板兒吃剛問些々閒話时就
有家下許多媳婦管事的来回話平兒回了鳳姐道我这里陪客呢晚上再来
回若有狠要緊的你就代進来現辦平兒出去了一会進来説我都問了没什
広緊事我就叫他們散了鳳姐点頭只見周瑞家的回来向鳳姐道太々説了
今日不得閒二奶々陪着便是一樣多謝費心想着白来曠々呢便罷若有甚
説的只管告訴二奶々都是一樣刘姥々道也没甚説的不过是来瞧々姑太
太姑奶々也是親戚們的情分周瑞家的道没甚説的便罷若有話只管回二
奶々是和太々一樣的一面説一面遞眼色与刘姥々々會意未語先飛紅
的臉欲待不説今日又所為何来只得忍恥説道論理今兒初次見姑奶々却
不該説只是大遠的奔了你老这里来也少不的説了剛説道这里只听二門

上小厮們回說東府裡的小大爺進来了鳳姐忙止刘姥〻不必說了一面便問你荣大爺在那里呢只听一路靴子脚响進来了一个十七八歲的少年面目清秀身材俊俏輕裘宝帶美服華冠刘姥〻此時坐不是立不是藏沒処藏鳳姐笑道你只管坐着这是我侄兒刘姥〻方扭〻捏〻在炕沿上坐了賈蓉笑道我父親打發了我来求嬸子說上回老旧太〻給嬸子的那架玻璃炕屏明日請一个要緊的客借了畧擺一擺就送过来鳳姐道說遲了一日昨兒已経給了人了賈蓉听着嘻〻的笑着在炕沿上半跪道嬸子若不借又說我不会說話了又挨一頓好打呢嬸子只当可怜侄兒罢鳳姐笑道也沒見你們王家的東西都是好的不成你們那裡放着那些好東西只是看不見偏我的就是好的賈蓉笑道那里有这个好呢只求開恩罢鳳姐道若崩一点兒你可仔細

你的皮因命平兒拿了樓房的鑰匙傳几个妥当人抬去賈蓉喜的眉開眼笑說我親自代了人拿去别由他們乱蹦說着便起身出去了這里鳳姐忽又想起一事来便向窓外叫蓉哥回来外面几个人接声說蓉大爺快回来賈蓉忙復身轉来垂手侍立听阿鳳指示那鳳姐只管漫〻的吃茶出了半日的神又笑道罢了你且去罢晚飯後你来再說罢這会子有人我也没精神了賈蓉应了一声方慢〻的退去這里刘姥〻心神方定才又說道今日我代了你侄兒来也不為别的只因他老子娘在家里連吃的都没有如今天又冷了越想没个派頭兒只得代了你姪兒奔了你老来說着又推板兒道你那爹在家怎応教你来打發咱們作煞事来只顧吃菓子咧鳳姐早已明白了听他不会說話因笑止道不必說了我知道了因問周瑞家的这姥〻不知可用了早飯没有

刘姥：忙說道一早就往这里赶咧那里还有吃飯的工夫咧鳳姐听說忙命
快傳飯来一時周瑞家的傳了一桌客飯来摆在東边屋内过来代了刘姥：
和板兒过去吃飯鳳姐說道周姐：好生讓自些兒我不能陪了于是过東边
房里来又叫过周瑞家的去問他才回了太：說了些什庅周瑞家的道太：
說他們家原不是一家子不过因出一姓当年又与太老爺在一処作官偶然
連了宗的这几年来也不大走動当时他們来一遭却也没空了他們今兒既
来了瞧：我們是他的好意思也不可簡漫了他便是有什庅說的叫奶：裁
度自就是了鳳姐听了說道我說呢既是一家子我如何連影兒也不知道說
話时刘姥：已吃畢了飯拉了板兒过来舔舌咂嘴的道謝鳳姐笑道且請坐
下听我告訴你老人家方才的意思我已知道了若論親戚之間原該不等上

門来就該有照应才是但如今家内雜事太煩太：漸：上了年紀一时想不到也是有的况是我近来接自管些事都不甚知道这些：親戚們二則外頭看着虽是烈：轟：的殊不知大有大的艰难去処說与人也未必信罢今兒你既老遠的来了又是頭一次見我張口怎好叫你空回去呢可巧昨兒太：給我的了頭們做衣裳的二十两銀子我还沒動呢你若不嫌少就暫且先拿了去罢那刘姥：先听見告艰难只當是沒有心里便突：的後来听見給他二十两喜的又渾身發癢起来說道噯我也是知道艰难的但俗語說的瘦死的駱駝比馬大凴他怎樣你老拔根毛比我們的腰还粗呢周瑞家的見他說的粗鄙只管使眼色止他鳳姐看見笑而不採只命平兒把昨兒那包銀子拿来再拏一弔錢来都送到刘姥：的根前鳳姐乃道這是二十两銀子暫且給这孩

子做件冬衣罢若不拿着就真是怪我了這錢僱車坐罢改日無事只管来曠：方是親戚們的意思天也晚了也不虚留你們了到家里該問好的問个好兒罢一面説一面就站了起来刘姥：只管千恩萬謝的拿了銀子錢随了周瑞家的来至外面周瑞家的道我的娘啊你見了他怎広到不会説了開口就是你侄兒我説句不怕你惱的話便是親侄兒也要説和軟些：蓉大谷才是他的正經侄兒呢他怎広又跑出这広一个侄兒来了刘姥：笑道我的嫂子我見了他心眼兒里爱还爱不过来那里还説的上話来呢二人説着又到周瑞家坐了片时刘姥：便要留下一碗銀子与周瑞家孩子們買菓子吃周瑞家的如何放在眼里执意不肯刘姥：感謝不尽仍從後門去了正是

得意濃时是接濟　受恩深処勝親朋

石頭記 第七回

脂硯齋重評石頭記

第七回

送宮花賈璉戲熙鳳　　晏寧府宝玉会秦鐘

話説周瑞家的送了刘姥〻去後便上来回王夫人話誰知王夫人不在上房問了𡚱們时方知往薛姨媽那边説閒話去了周瑞家的听説便轉出東角門至東院往梨香院来剛至院門前只見王夫人的了𡚱名金釧兒合一个才留了頭的小女孩兒站在台堦坡上頑見周瑞家的来了便知有話回因向内努嘴兒周瑞家的輊〻掀簾進去只見王夫人和薛姨媽長篇大套的説些〻家務人情等語周瑞家的不敢驚動遂進裡間来只見薛宝釵穿家常的衣服頭上只散挽自鬒兒坐在炕里边伏在小炕桌上同了𡚱鶯兒正描花樣子呢見他進

来宝釵才放下筆轉过来滿面堆笑讓周姐々坐着周瑞家的也忙陪笑問
姑娘好一面炕沿上坐了因說这有兩三天也沒見姑娘到那边曠々去只怕
是你宝兄弟沖撞了你不成宝釵笑道那里的話只因我那種病又發了所以
这兩天沒出屋子周瑞家的道正是呢姑娘到底有什庅病根兒也該趁早兒
請个大夫来好生開个方子認真吃几剤一势兒除了根才是小々的年紀到
作下个病根兒也不是頑的宝釵听了便笑道再不要提吃藥為这病請大夫
吃藥也不知白花了多少銀子錢呢凴你什庅名医仙藥從不見一点兒效後
来还虧了一个秃頭和尚說專治無名之症因請他看了他說我这是從胎裡
代来的一股热毒幸而先天壮还不相干若吃尋常藥是不中用的他就說了
一个海上方又給了一包藥末子作引子異香異氣的不知是那里弄了来的

他說發了时吃一丸就好到也奇怪吃他的藥到效驗些周瑞家的因問不知是个什広海上方兒姑娘說了我們也說与人知道倘遇見这樣病也是行好的事宝釵見問乃笑道不用这方兒还好若用了这藥方兒的病症真〻把人瑣碎死東西藥料一槩都有限只难得可巧要春天開的白牡丹花蕊十二兩夏天開的白荷花蕊心十二兩秋天的白芙蓉蕊十二兩冬天的白梅花蕊十二兩将这四樣花蕊于次年春分这日晒乾和在藥末子一処一斉研好又要雨水这日的雨水十二兩周瑞家的忙道嗳哟這広說来这就得三年的工夫倘或雨水这日竟不下雨这却怎処呢宝釵笑道所以說那里有这樣可巧的雨便没雨也只好再等罢了白露這日的露水十二錢霜降这日的霜十二錢小雪這日的雪十二錢把这等水調匀和了藥再加十二錢蜂蜜十二錢白糖

丸了龍眼大的丸子盛在旧磁罈内埋花根底下若發了病时拿出来吃一丸
用十二分黄柏煎湯送下周瑞家的听了笑道阿弥陀佛真坑死人的事兒等
十年未必都这樣巧的呢宝釵道竟好自他說了去後一二年間可巧都得了
好容易配成一料如今從南代至北現在就埋在梨花樹底下呢周瑞家的又
問道这藥可有名子沒有呢宝釵道有这也是那癩頭和尚說下的叫作冷香
丸周瑞家的听了点頭兒因又說这病發了时到底覺怎庅着宝釵道也不覺
甚怎庅着只不过喘嗽些〻吃一丸下去也就好些〻了周瑞家的还欲說話时忽
听王夫人問誰在房里呢周瑞家的忙出去荅应了趂便回了刘姥〻之事略
待半刻見王夫人無語方欲退出薛姨媽忽又笑道你且站住我有一個宗東西
你代了去罢說着便叫香菱只听簾櫳响処方才和金釧頑的那個小丫頭進

来了問奶〻吽我作什庅薛姨媽把匣子里的花兒拿来香菱荅应了向那边
捧了个小錦匣来薛姨媽道這是宮裡頭的新鮮樣法拿紗堆的花兒十二支
昨兒我想起来白放着可惜了兒的何不給他們姊妹們代去昨兒要送去偏
又忘了你今兒来的巧就代了去罷你家的三位姑娘每人一对剩下的六枝
送林姑娘兩枝那四枝給了鳳哥罷王夫人道留着給宝丫頭帶罷又想着他
們作什庅薛姨媽道姨娘不知道宝丫頭古怪着呢他從来不愛這些花兒粉
兒的說着周瑞家的拿了匣子走出房門見金釧仍在那里晒日陽兒周瑞家
的因問他道那香菱小丫頭子可就是常說臨上京時買的為他打人命官司
的那個小丫頭子道可就是他正說着只見香菱笑嘻〻的走来周瑞家的便
拉了他的手細〻的看了一会因向金釧笑道到好个模樣兒竟有些〻像偺們

東府里蓉大奶〻的品格兒金釧兒笑道我也是這們說呢周瑞家的又問香菱你几歲投身到這里又問你父母今在何處今年十几歲了本處是那里人香菱听問都搖頭說不記得了周瑞家的和金釧兒听了到反為嘆息傷感一回一时問周瑞家的携花至王夫人正房後頭來原來近日賈母說孫女兒們太多了一處擠着到不方便只留寶玉代玉二人這边解悶却將迎惜探三人移到王夫人這边房後三間小抱厦內居住令李紈陪伴照管如今周瑞家的固（因）順路先往這里來只見几个小丫頭子都在抱厦內听呼喚呢只見迎春的丫头司棋与探春的丫头侍書二人正掀簾子出來手里都捧着茶鍾周瑞家的便知他們姊妹在一處坐着呢遂進入內房只見迎春探春二人正在窗下〻圍碁周瑞家的將花送上說明緣故二人忙住了碁都欠身道謝命丫头們收了

周瑞家的答应了因説四姑娘不在房里只怕在老太〻那边呢丫鬟們道那屋里不是四姑娘周瑞家的听了便往这边屋里来只見惜春正同水月庵的小姑子智能兒一处頑耍呢見周瑞家的進来惜春便問他何事周瑞家的便将花匣打開説明原故惜春笑道我这里正和智能兒説我明兒也剃了頭同他作姑子去呢可巧又送了花兒来若剃了頭可把这花兒帶在那里呢説着大家取笑一回惜春丫鬟放在匣子里周瑞家的問智能兒你是什么時来的你師父那秃歪到往那里去了智能兒道我們一早就来了我師父見了太〻就往于老爷府内去了叫我在这里等他呢周瑞家的又道十五的月例香供銀子可曾得了没有智能兒摇頭兒説我不知道惜春听了便問周瑞家的如今各庙月例銀子是誰管着周瑞家的道是余信管着惜春听了笑道这就是了他

師父一来蔡信（的女人）就赶上来和他師父咕唧了半日想是就為这事了那周瑞家的又和智能兒劳叨了一会便往鳳姐兒処来穿夾道彼時從李紈後窓下过隔着玻璃窓戶見李紈在炕上歪着瞌覔呢遂越过西花墻出西角門進入鳳姐院中去至堂屋只見小顏豊兒坐在鳳姐房中門檻上見周瑞家的来了連忙擺手兒叫他往東屋里去周瑞家的会意忙捐手捐足往東边房里来只見奶子正拍着大姐兒瞌覔呢周瑞家的巧問奶子道姐兒瞌中覔呢也該請醒了奶子搖頭兒正説着只听那边一陣笑声却有賈璉的声音接着房門响処平兒拿着大銅盆出来叫豊兒舀水進去平兒便（到）道这边来一見了周瑞家的便問你老人家又跑了来作什庅周瑞家的忙起身拿匣子与他説送花兒一事平兒听了便打開匣子拿了四枝轉身去了半刻工夫手里拿出兩枝来先

吽彩明吩咐道送到那边府里給小蓉大奶〻帶去次後方命周瑞家的回去道謝周瑞家的这才往賈母这边来穿过了穿堂抬頭忽見他女兒扮着才從他婆家来周瑞家的忙問你这会跑来作什庅他女兒笑道媽一向身上好我在家里等了这半日媽竟不出去什庅事情这樣的不回家的他我等煩了自已先到了老太〻跟前請了安了这会子請太〻的安去媽还有什庅不了的差事手里是什庅東西周瑞家的笑道嗳今兒偏〻的来了个刘姥〻我自已多事為他跑了半日这会子又被太〻看見了送这几枝花兒與姑娘奶〻們这會子还沒送清楚呢你這会子跑了来一定有什庅事他家女兒笑道你老人家到会猜蹇對你老人家說你女婿前兒因多吃了兩杯酒和人分争不知怎的被人放了一把邪火說来歷不明告到衙門里要解地还鄉所以我来和

你老人家商議、、这个情分求那一个可以了事呢周瑞家的听了道就知道
呢这有什么大不了的事你且家去等我、給林姑娘送了花兒去就回家去
此时太、二奶、都不得閒兒你回去等我这有什么忙的如此女兒听說便
回去了又說媽好歹快来周瑞家的道是了小人兒家沒經过什么事就急得
你這樣了說着便適到代玉房中去了誰知此时代玉不在自己房中却在宝玉
房中大家解九連環頑呢周瑞家的進来笑道林姑娘姨太、自我送花兒与
姑娘帶来了宝玉听說便先問什么花兒拿来給我一面早伸手接过来了開
匣看时原来是宮製堆紗新巧的假花兒代玉只、就在宝玉手中看了一看便
問道还是单送我一人的还是别的姑娘們都有呢周瑞家的道各位都有了
这两枝是姑娘的了代玉冷笑道我就知道别人不揀挑剩下的也不給我周瑞

家的听了一声兒不言語宝玉便問道周姐：你作什庅到那边去了周瑞家
的因說太：在那里因回話去了姨太：就順便叫我代帶来了宝玉道宝姐
：在家作什庅呢怎庅這几日也不过这边来周瑞家的道身上不大好呢宝
玉听了便和丫頭說誰去瞧：只說我林姑娘打發了来請姨太：姐：安問
姐：是什庅病現吃什庅藥說(原)理我該親自来的就說才從学里来也有了些
凉異日再親自来看罢說着茜雲便荅应去了周瑞家的自去無話原来这周
瑞的女婿便是雨村的友(朋)冷子興近因賣古董和(合)人打官司故教女人来討情
分周瑞家的仗着主子的勢利把这些事也不放在心上晚間只求：鳳姐兒
便完了至掌燈时分鳳姐已卸了粧来見王夫人回話今兒甄(家)送了来的東西我
已收了咱們送他的趁着他家有年下送仙(鮮)的船去一併都交給他們代了去

罢王夫人点頭鳳姐又道臨安伯老太ゝ生日的理(礼)巳經打点了派誰送去呢
王夫人道你瞧誰閑肖就叫他們去四个女人就是了又来当什庅正經事問
我鳳姐又笑道今日珍大嫂子来請我明日过去瞧ゝ明日到没有什庅事情王
夫人道有事没事都害(碍)不肖什庅每常他来請有我們你自然不便意他既不
請我們单請你可知是他誠心叫你散淡ゝゝ别辜負了他的心便有事也該
过去才是鳳姐荅应了当下李紈迊探等姊妹們亦来定省畢各自帰房無話
次日鳳姐梳洗了先回王夫人畢方来辭賈母宝玉听了也要跟了瞧去鳳姐
只得荅应立等肖換了衣服姐兒兩个坐了車一时進入寧府早有賈珍之妻
尤氏与賈蓉之妻秦氏婆媳兩个引了多少姬妾丫嬛媳婦等接出儀門那尤
氏一見了鳳姐必先嘲笑一陣一手攜了宝玉同入上房来帰坐秦氏献茶畢

鳳姐因説你們請我来作什庅有什庅好東西孝敬我就快献上来我还有事呢尤氏秦氏未及荅話地下几个姬妾先就笑説二奶：今兒不来就罢既来了就依不得二奶：了正説着只見賈蓉進来請安宝玉因問大哥：今日不在家庅尤氏道出城与老爷請安去了可是你怪悶的坐在这里作什庅何不也去矌：秦氏笑道今兒巧上回宝叔立刻要見的我那兄弟他今兒也在这里想在書房里呢宝叔何不去瞧一瞧宝玉听了即便下炕要走尤氏鳳姐都忙説好生着忙什庅一面便吩咐好生小心跟着他别委屈着他到比不得跟了老太：过来就罢了鳳姐説道既这庅着何不請進这秦小爷来我也瞧一瞧难道我見不得他不成尤氏笑道罢：可以不必見他比不得咱們家的孩子們胡打海摔的慣了人家的孩子都是斯：文：的慣了乍見了你这破

落户还被人笑話死了呢鳳姐笑道普天下的人我不咲話就罢了竟叫这小孩子咲話我不成賈蓉笑道不是这話他生的靦腆没見过大陣張兒嬸子見了沒的生氣鳳姐道憑他什広様兒的我也要見一見別放你娘的屁了再不帶来我看給你一頓好嘴巴賈蓉笑嘻々的說我不敢扭肖就帶他来說着果然出去帶進一个小後生来較宝玉略瘦些眉清目秀粉面朱唇身材俊俏奉止風流似在宝玉之上只是怯々羞々有女兒之態靦腆含糊慢向鳳姐作揖問好鳳姐喜的先推宝玉笑道比下去了便探身一把攜了这孩子的手就命他身傍坐了慢々的問他几歲了讀什広書弟兄几个学名喚什広秦鐘一々荅应了早有鳳姐的丫环媳婦們見鳳姐初会秦鐘並未備得表礼来遂忙过那边去告訴平兒々々知道鳳姐与秦氏厚密虽是小後生家亦不可太儉遂

自作主意拿了一疋尺頭兩个狀元及第的小金錁子交付与来人送过去鳳
姐猶笑説太簡薄等語秦氏等謝畢一时吃过飯尤氏鳳姐秦氏等抹骨牌不
在話下那宝玉自見了秦鐘的人品出衆心中似有所失痴了半日自己心中
又欵意起了乃自思道天下竟有这等的人物如今看来我竟成了泥猪癩狗
了可恨我為什庅生在这候門公府之家若也生在寒門薄宦之家早得与他
交結也不枉生了一世我虽如此比他尊貴可知錦綉紗羅也不过裹了我这
根死木頭美酒羊羔也不过填了我这糞窟泥溝富貴二字不料遭我荼毒了
秦鐘自見了宝玉形容出衆舉止不凡更兼金冠綉服驕婢侈童秦鐘心中亦
自道果然这宝玉怨不得人溺爱他可恨我偏生於清寒之家不能与他耳鬢
交結可知貧窶二字陷人亦世間之大不快事二人一樣的胡思乱想忽然宝

玉問他讀什麽書秦鍾見問他因而答以實話二人你言我語十來句後越覺
親密起来一时擺上茶菓宝玉便說我兩个又不吃酒把菓子擺在里間小炕
上我們那里坐去省得鬧你們于是二人進里間来吃茶秦氏一面張羅與鳳
姐擺酒菓一面忙進来囑宝玉道宝叔你侄兒倘或言語不妨頭你千萬看着
我不要理他：虽腼腆却性子左強不大隨和此是有的宝玉笑道你去罷我
知道了秦氏又囑了他兄弟一回方去陪鳳姐一时鳳姐尤氏又打發人来問
宝玉要吃什麽外面有只管要去宝玉只答应着也無心在飯食上只問秦鍾
近日家務等事秦鍾因說業師于去年病故家父又年紀老邁殘疾在身公務
繁冗因此尚未講及延師一事目下不过在家温習旧課而已再讀書一事必
須有一二知己為伴时常大家討論才能進益宝玉不待說完便答道正是呢

我們却有个家塾合族中有不能延師的便可入塾讀書子弟們中亦有親戚
在内可以附讀我因業師上年回家去了也現荒廢着呢家父之意亦欲暫送
我去溫習旧書待明年業師上来再各自在家里讀家祖母因說一則家學里
之子弟太多生恐大家淘氣反不好二則也因我病了几天遂暫且担擱自如
此說来尊翁如今也為此事懸心今日回去去何不稟明就往我們敝塾中来
我亦相伴彼此有益豈不是好事秦鐘咲道家父前日在家提起延師一事也
曾提起这里的義孝到好原要来合这里的親翁商議引荐因这里又事忙不
(好)為这点小事来聒絮的宝叔果然度(疼)小侄或可磨墨滌硯何不速：的作成又
彼此不致荒廢又可以常相談聚又可以慰父母之心又可以得朋友之樂豈
不是美事宝玉道放心：：偺們回来告訴你(姐)夫姐：和璉二嫂子你今日回

家就稟明令尊我回去再稟明祖母再無不速成之理二人計議一定那天氣

已是掌灯时候出来又看他們頑了一回牌筭賬却又是秦氏尤氏二人輸了

戲酒的東道言定後日吃这東道一面就吽送飯吃畢晚飯因天黑了尤氏因

說先派兩个小子送了这秦相公家去媳婦們傳出去半日秦鍾告辞起身尤

氏問派了誰送去媳婦們回說外頭派了焦大誰知焦大醉了又罵呢尤氏秦

氏都說道偏又派他作什庅放着这些小子們那一个派不得偏要惹他去鳳

姐道我成日家說你太軟弱了縱的家里人这樣还了得了尤氏嘆道你难道

不知这焦大的連老爷都不里他的你珍大哥〃也不理他只因他從小兒跟

着太爷們出过三四回兵從死人堆里把太爷背了出来得了命自已挨着餓

却偷了東西来給主子吃兩日沒得水得了半碗水給主子喝他自已喝馬溺

不伏自这些功劳情分有祖宗时都另眼相待如今誰肯难為他去他自已又老了又不愿体面一味吃酒吃醉了無人不罵我常說給管事的不要派他差事全当一个死的就完了今又派了他鳳姐道我何常不知这焦大到是你們没主意有这樣的何不打発他遠遠的庄子上去就完了說着因問我們的車可齊偹了地下衆人都应道伺候齊了鳳姐起身告辭和宝玉攜手同行尤氏等送至大廳只見灯燭輝煌衆小廝都在丹墀侍立那焦大又恃賈珍不在家即在家亦不好怎樣他更可以任意洒落洒落因趂着酒興先罵大揔管賴二說他不公道欺軟怕硬有了好差事就派別人像这等黑更半夜送人的事就派我没良心的王八羔子瞎充管家你也不想想焦大太爷蹺蹺脚比你的頭还高呢二十年頭里的焦大太爷眼里有誰別說你們这一起雜種王八羔子

們正罵的與頭上賈蓉送鳳姐的車出去衆人喝他不听賈蓉忍不得便罵了
他兩句使人綑起来等明日酒醒了問他还尋死不尋死了那焦大那里把賈
蓉放在眼里反大呌起来赶着賈蓉呌蓉哥兒你別在焦大跟前使主子性兒
別說你这樣兒的就是你爹你爺〻也不敢和焦大挺腰子不是焦大一个人
你們就(做)官兒享荣華受富貴你祖宗九死一生挣下这家業到如今了不报我
的恩反和我充起主子来了不和我說別的还可若再說別的偺們紅(白)刀子進
去白(紅)刀子出来鳳姐在車上說与賈蓉道以後还不打發了这个没王法的東
西留在这里豈不是禍害倘或親友知道了豈不笑話偺們这樣的人家連个
王法規矩没有賈蓉答应是衆小廝見他太撒野了只得上来几个揪翻綑倒
拖往馬圈裡去焦大越發連賈珍都說出来乱嚷乱呌說我要往祠堂裡哭太

爷去那里承望到如今生下这些〻畜牲来每日家偷狗戲雞爬灰的爬灰養小
叔子的養小叔子我什庅不知道咱們胳膊折了往袖子里藏衆小厮听他說
出這些〻沒天日的話来唬的魂飛魄散也不顧別的了便把他捆起来用土和
馬糞滿〻的填了他一嘴鳳姐和賈蓉等也遥〻的聞得便都粧作沒听見宝
玉在車上見这般醉鬧到也有趣因問鳳姐道姐〻你听他說爬灰的爬灰什
庅是爬灰鳳姐听了連忙立眉嗔目断喝道少胡說那是醉漢嘴里混唚你是
什庅樣的人不說沒听見还到細問等我回去回了太〻仔細捶你不捶你唬
得宝玉忙央告道好姐〻我再不敢了鳳姐道这才是呢等咱們到了家回了
老太〻打發你同你秦家侄兒孝里念書去要緊說着却自回往荣府而来这
正是

七回卷末有對一付

不因俊俏難爲友　正爲風流始讀書

石頭記 第八回

脂硯齋重評石頭記卷之

第八回

比通靈金鶯微露意　探宝釵代玉半含酸

話說鳳姐和宝玉便回明賈母秦鐘要上家塾之事自己也有了个伴讀的朋友正好發奮又着寔的稱賛秦鐘的人品行事最使人怜爱鳳姐又在一傍帮着說过日他还来拜老祖宗等語說的賈母喜欢起来鳳姐又趁势請賈母後日过去看戲賈母虽年老却極有興頭至後日又有尤氏来請遂了王夫人林代玉宝玉等过去看戲至晌午賈母便（先回来）歇息了王夫人本是好清淨的見賈母回来也就回来了然後鳳姐坐了首席盡欢至晚無話却說宝玉因送賈母回来待賈母歇了中覺意欲还去看戲取樂又恐攪的秦氏等人不便因想起近日薛

宝釵在家養病未去親候意欲去望他一望若從上房後角門过去又恐遇見別事纏繞再或可巧遇見他父親更為不妥寧可遶遠路罢了当下衆嬷々丫嬛伺候他換衣服見他不換仍出二門去了衆嬷々丫嬛只得跟隨出来还只当他去那府中看戲誰知到穿堂便向東向北遶厛後而去偏頂頭遇見了門下清客相公詹光單聘仁二人走来一見了宝玉便都笑着赶上来一个抱住腰一个携着手都道我的菩薩哥兒我說作了好夢呢好容易得遇見了你說着請了安又問好勞叨半日方才走開老嬷々叫住因問二位爺是從老爺跟前来的不是二人点頭道老爺在夢坡齋小書房里歇中覺呢不妨事的一面說一面走了說的宝玉也笑了于是轉灣向北奔梨香院来可巧〔管〕銀庫房的總領名喚吳新登与倉上的頭目名戴良还有几个管事的頭目共有七个人

從帳房里出来一見了宝玉赶来都一齊垂手站住獨有一个買辦名喚錢華
因他多日未見宝玉忙上来打千兒請安宝玉忙含笑攜他起来衆人都笑説
前兒在一処看見二爷寫的斗方兒字法越發好了多早晚兒賞我們几張貼
：宝玉笑道在那里看見了衆人道好几処都有都称(讚)的了不得还和我們尋
呢宝玉笑道不置(值)什庅你們説与我的小么兒們就是了一面説一面前(往)走衆
人待他过去方都各自散了閑言少述且説宝玉来至梨香院中先入薛姨媽
室中来正見薛姨媽打点針黹毋(分給)了㚢們呢宝玉忙請了安薛姨媽忙一把拉
了他抱入怀内笑説这們冷天我的兒难為你想着来快上炕来坐着罢命人
到滚：的茶来宝玉因問哥：不在家薛姨媽嘆道他是沒籠頭的馬天：忙
不了那里肯在家一日宝玉道姐：可大安了薛姨媽道可是呢你前兒又想

着打發人来瞧他：在里間不是你去瞧他里間比这里暖和那里坐着我权
拾収拾就進去和你説話兒宝玉听説忙下了炕来至里間門前只見吊着半
旧的紅紬軟簾宝玉掀簾一邁步進去先就看見薛宝釵坐在炕上作針線頭
上挽着漆黑的油光鬢兒蜜合色綿袄玫瑰紫二色金銀鼠比肩褂葱黄綾棉
裙一色半新不旧看去（自）覺奢華唇不点而紅眉不画而翠臉若銀盆眼如水性
罕言寡語人謂藏愚安分随时自云守拙宝玉一面看一面問姐：可大愈了
宝釵抬頭只見宝玉進来連忙起身含笑荅説已經大好了到多謝記掛着説
着讓他在炕沿上坐了即命鶯兒斟茶来一面又問老太：姨娘安别的姊妹
們都好一面看宝玉頭上代着纍系嵌玉紫金冠額上勒着二龍搶珠金抹額
身上穿着秋香色立蟒白狐腋箭袖繫着五色蝴蝶鸞縧項上掛着長命鎖記名

符另外有一磈落草时啣下来的宝玉宝釵因笑説道成日家説你的这玉究竟未曾細〻的賞鑒我今日到要瞧〻説着便挪進前来宝玉亦凑了上去從項上摘了下来遞在宝釵手内宝釵托于掌上只見大如雀卵燦若明霞瑩潤如酥五色花紋纏護这就是大荒山中青埂峰下的那塊頑石的幻相後人曾有詩嘲云

女媧煉石已荒唐　又向荒唐演大荒　失去幽灵真境界

幻来親就臭皮囊　好知運敗金無彩　堪嘆时乖玉不光

白骨如山忘姓氏　無非公子與紅粧

那頑石亦曾記下他这幻相並癩僧所鐫的篆文今亦按圖画于後但其真体最小方能從胎中小兒口内啣下今若按其体画恐字跡过于微細使观者大

獃眼光亦非暢事故今只按其形势無非畧展些規矩使观者便于灯下醉中亦

可閱盡今註明此故方無胎中之兒口有多大怎得啣此狼犺蠢大之物等語之謗

通靈宝玉正面圖式

通
靈
宝
玉

莫失莫忘　註云 莫失莫忘

仙寿恒昌　仙寿恒昌

通靈宝玉反面圖式

一除邪祟　註云 一除邪祟

二療冤疾　二療冤疾

三知禍福　三知禍福

宝釵看畢又從新過翻正面来細看口内念道莫失莫忘仙寿恒昌念了兩遍乃回

頭向鶯兒咲道你不去到茶也在这里發呆作什庅鶯兒嘻嘻笑道我听这兩

句話到向和姑娘的項圈上的兩句話是一对兒宝玉听了忙笑道原来姐姐

那項圈上也有八个字我也賞鑒賞鑒宝釵道你别听他的話沒有什庅字宝

玉笑央好姐〻你怎広瞞我的了呢宝釵被纏不过因說道也是ケ人給了兩句吉利話兒所以鏨上了吽天〻代（帶）自不然沉甸〻的有什広趣兒一面說一面解了排扣從里面大紅袄上將珠宝晶瑩黄金燦爛的瓔珞掏將出来宝玉忙托了貟看時果然一面有四ケ篆字兩面八ケ共成兩句吉讖亦曾按式画下形相

音註云

不離不棄

音註云

芳齡永継

宝玉看了也念了兩遍又念自己的兩遍因笑問姐〻这八ケ字到真与我的是一对鶯兒笑道是ケ癩（癲）頭和尚送的他說必須鏨在金器上宝釵不待說完

便嗔他不去到茶一面又問宝玉從那里來宝玉此时与宝釵就近只聞一陣
：涼森：甜絲：的幽香竟不知係何香氣遂問姐：燻的是什庅香我竟從
未聞見过这味兒宝釵笑道我最怕燻香好：的衣服燻的香燎火氣的宝玉
道既如此这是什庅香宝釵想了一想笑道是了是我早起吃了丸藥的香氣
宝玉笑道什庅丸藥这庅好聞好姐：給我一丸嚐：宝釵笑道又混鬧了一
个藥也是混喫的一語未了忽听外面人說林姑娘來了話尤未了林代玉已
搖：的走了進來一見了宝玉便笑道嗳喲我來的不巧了宝玉等忙起身笑
讓坐宝釵因笑道这話怎庅說代玉笑道早知他來我就不來了宝釵道我更
不解这意代玉笑道要來一羣都來要不來一个也不來今兒他來了明兒我
再來如此間錯開了來省豈不天：有人來了也不至于太冷落也不至于太

热闹了姐〻如何反不解这意思宝玉因見他外面罩着大紅羽緞对衿褂子
因問下雪了么地下婆娘們道下了这半日雪珠兒了宝玉道取了我的斗篷
来不曾代玉便道是不是我来了他就該去了宝玉笑道我多早晚兒說要去
了不过拿来預備着宝玉的奶母李嬷〻因說道天又下雪也好早晚的了就
在这里同姐〻妹〻一処頑〻罷姨媽那里摆茶菓子呢我叫了頭去取了斗
篷来說給小么兒們散了罷宝玉应允李嬷〻出去命小厮們都各散去不提
这里薛姨媽已摆了几様細茶菓来留他們吃茶宝玉因誇前日在那府里珍
大嫂子（叶人做）的好鵝掌鴨信薛姨媽听了忙也把自己的糟的取了些〻来与他嚐宝
玉笑道这个須得就酒（吃）才好薛姨媽便令人去灌了最上等的酒来李嬷〻便
上来道姨太〻酒倒罷了宝玉央道媽〻我只喝一鍾李嬷〻道不中用当着

老太〻太〻那怕你吃一鍾呢想那日我眼錯不見一会不知是那一个没有
調教的只圖討你的好兒不管别人死活給了你一口酒吃葬送的我挨了兩
日罵姨太〻不知道他性子又可惡吃了酒更弄興有一日老太〻高性了又
儘着他吃什庅日子又不許他吃何苦我白陪在里面受氣薛姨媽笑道老貨你只
放心吃你的去我也不許他吃多了便是老太〻問有我呢一面令小丫鬟来
讓你李奶〻他們去也吃杯酒搪〻寒氣那李嬷〻听如此説只得和衆人去吃些酒
水这里宝玉又説不必溫煖了我只愛吃冷的薛姨媽忙道这可使不得吃
了冷酒寫字手打颭兒宝釵笑道宝兄弟虧你每日家雜学傍収的难到就
不知道酒性最熱若熱吃下去發散的就快若冷吃下去便凝結在内以五臟去
煖他豈不受害從此还不快别吃那冷的了宝玉听这話有情理便放下冷

酒命人煖来方飲代玉磕着瓜子兒只抿着嘴笑可巧代玉的小丫嬛雪雁走
来与代玉送小手炉代玉因含笑問他誰叫你送来的难為他費心那里就冷
死了我雪雁道紫鵑姐〻怕姑娘冷使我送来的代玉一面接了抱在懷中笑
道也亏你到听他的話我平日和你說的全当耳傍風怎麽他說了你就依比
聖旨还快此宝玉听这話知是代玉借此奚落他也無回復之詞只嘻〻的笑
兩陣罢了宝釵素知代玉是如此慣了的也不去採他薛姨媽因道你素日身
子弱禁不得冷的他們記掛着你到不好代玉笑道姨媽不知道幸亏是姨媽
这里倘或在别人家人家豈不惱好說就看的人家連个手炉也没有爬〻的
從家里送个来不說了丫嬛們太小心过余还只当我素日是这等狂慣了呢薛
姨媽道你这个多心的有这樣想我就没这心説話时宝玉已是三杯过去

李嬷〻又上来攔阻宝玉正在心甜意洽之时和宝代姊妹説〻笑〻的那肯不吃宝玉只得屈意央告好媽〻我再吃兩鐘就不吃了李嬷〻道你可仔細老爷今兒在家隄防問你的書宝玉听了这話便心中大不自在慢〻的放了酒垂了頭代玉先忙的説别掃大家的興舅〻若叫你只説姨媽留着呢这个媽〻他吃了酒又拿我們来醒皮了一面悄推宝玉使他賭氣一面悄〻的咕嚷説别理那老貨偺們只管樂偺們的那李嬷〻不知代玉的意〔思〕因説道林姐兒〔姑娘〕你不要助着他了你到劝〻他只怕他还听此〻林代玉冷笑道我為什庅助他我也不犯着劝他你这媽〻太小心了往常老太〻又給他酒吃如今在姨媽这里多吃一口料也不妨事必定姨媽这里是外人不当在这里的也未可定李嬷〻听了又是急又是笑説道真〻这林姐兒〔姑娘〕説出一句話来比刀子还

尖你这弄了什庅宝釵也忍住笑肖把代玉腮上一揀說道真〻这个顰丫頭
的一張嘴吽人恨又不是喜欢又不是薛姨媽一面又說别怕〻〻我的兒来
这里没好的你吃别把这点子東西唬的存在心里到吽我不安只管放心吃
都有我呢越發吃了晚飯去便醉了便跟肖我睡罢因命再盪熱酒来姨媽陪
你吃兩杯可就吃飯罢宝玉听了方又鼓起興来李媽因吩咐小丫頭子們你
們在這里小心肖我家里换了衣服就来悄〻的回姨太〻别由肖他多給他
吃說肖便家去了这里虽还有三兩个婆子都是不管痛痒的見李媽〻走了
也都悄〻去尋方便去了只剩了兩个小丫頭子樂得討宝玉的欢喜幸而薛
姨媽千哄萬哄的只容他吃了几杯就忙収过了作酸笋鷄皮湯宝玉痛喝了
兩碗吃了半碗飯碧粳粥一时薛林二人也吃完了飯又釅〻的潗上茶来大

家吃了薛(姨)媽方放了心雪鴈等三四个丫頭已吃了飯進来伺候代玉因問宝玉道你走不走宝玉乜斜倦眼道你要走我和你一同走代玉听説遂起身道偺們来了这一日也該回去了还不知那边怎広找偺們呢説着二人便告辞小丫頭忙捧过斗笠来宝玉便把頭畧低一低命他代上那丫頭便將着(那)大紅猩毡斗笠一抖才(要)往宝玉頭上(帶)合宝玉便説罷〻好蠢東西你也輕些兒难到没見过别人代过的讓我自已代罷代玉站在炕沿上道囉唆什広过来我瞧〻罷宝玉忙就近前来代玉用手整理輕〻籠住束髮冠將笠沿掖在抹額之上將那一棵核桃大的絳絨簪纓扶起顫巍〻露于笠外整理已畢端相了端相説道好了披上斗篷罷宝玉听了方接了斗篷披上薛姨媽忙道跟你們的媽〻都还没来呢且畧等〻罷(再走)宝玉道我們到去等他們有丫頭們跟着也

勾了薛姨媽不放到底命兩个婦女跟隨他兄妹方罢他二人道了擾一逕回
往賈母房中賈母上未用晚飯知是薛姨媽処来更加欢喜因見宝玉吃了酒
遂命他自回房去歇着不許再出来了因命人好生看待着忽想起跟宝玉的
人来遂問衆人李奶子怎么不見衆人不敢直說家去了只說才進来的想有
事才去了宝玉踉蹌回顧道他比老太：還受用呢問他作什么沒有他只怕
我还多活兩日一面說一面来至自已的卧室只見筆墨在案晴雯先接出来
笑說道好：要我研了那些墨早起高興只寫了三个字丢下筆就走了哄的
我們等了一日快来与我寫完这些墨才罢宝玉忽然想起早起的事来因笑
道我寫的那三个字那里呢晴雯笑道这个人可醉了你頭里过那府里去囑
咐貼在这門斗上这会子又這么問我生怕別人貼坏了我親自爬高上梯的

貼上这会子还凍的手冰冷的呢宝玉听了笑道我忘了你的手冷我替你渥
自說自便伸手攜了晴雯的手同仰首看門斗上新書的三个字一时代玉來
了宝玉笑道好妹妹你別撒謊你看這三个字那一个好代玉仰頭看里間門
斗上新貼了三个字寫自絳雲軒代玉笑道个个都好怎庅寫的這們好了明
兒也与我寫一个匾宝玉嘻嘻的笑道又哄我呢說自又問襲人姐姐呢晴雯
向裡間炕上掀嘴宝玉一看只見襲人合衣睡自在那里宝玉笑道好太渥早
了些因又問晴雯道今兒我在那府里吃早飯有一碟子豆腐皮的包子我想
自你愛吃和珍大奶奶說了只說我留自晚上吃叫人送过來的你可吃了没有晴
雯道快別提一送了來我知道是給我的偏我才吃了飯就放在那里後來李奶
奶來了看見說宝玉未必吃了拿了給我孫子去罷他就叫人拿了家去了接

着茜雪捧上茶来寶玉因讓林妹々吃茶衆人笑説林妹々早走了還讓呢宝
玉吃了半碗茶忽又想起早起的茶来因問茜雪道早起瀼了一碗楓露茶我
説过那茶是三四次後才出色的这会子怎庅又瀼了这个来茜雪道我原是
留着的那会子李奶々来了他要嚐々就給他吃了宝玉听了将手中的茶杯
只順手往地下一擲豁啷一声打了个粉碎潑了茜雪一裙子的茶又跳起来
問着茜雪道他是你那一門子的奶々你們这庅孝敬他不过是仗着我小时
候吃过他几日奶罢了如今逞的他比祖宗还大了如今我又吃不着奶了白
々的養着祖宗作什庅撵了出去大家干净説着便要去立刻回賈母撵他乳
母原来襲人寔未睡着不过故意粧睡引宝玉来謳他顽要先聞得説字問包
子等事也还可以不必起来後来摔了茶鍾動了氣遂連忙起来解釋劝阻早有

賈母遣人来問是怎庅了襲人忙道我才到茶来被雪滑倒了失手砸了鍾子
一面又安慰宝玉道你立意要撵他也好我們也都愿意出去不如趂势連我
們一齐撵了我們也好你也不愁再有好的来伏侍你宝玉听了这話方無了
言語被襲人等扶至炕上脱换了衣服不知宝玉口内还說些什庅只見口齒
纏綿眼眉愈加餳滞忙扶侍他睡下襲人伸手從他項上摘下那通灵玉来用
自己的手帕包好塞在褥〔子底〕下次日帶时便氷不着脖子那宝玉就枕便睡着了
彼时李嬷〻等已進来了听見醉了不敢前来再加觸犯只〻悄〻的打听睡了
方放心散去次日醒来就有人回那边小蓉大爺秦相公来拜宝玉忙接了出
去領了拜見賈母〻〻見秦鍾形容縹緻舉止温柔堪陪宝玉讀書心中十分
欢喜便留茶留飯又命人帶去見王夫人等衆人因素愛秦氏今見了秦鍾是

这般人品也都歡喜臨去时都有表礼賈母又与了一个荷包並一个金魁星
取文星和合之意又囑咐他道你家住的近或有一时寒热飢飽不便只管住
在这里不必限定了只和你宝叔在一处别跟着那些不長進的東西們学秦
鍾一一的答应回去禀知他父親秦業現任營繕郎年近七十夫人早亡因当
年無兒女便向養生堂抱了一个兒子並一个女兒誰知兒子又死了只剩女
兒小名喚可兒長大时生的形容嬝娜性格風流因素与賈家有些瓜葛故結
了親許与賈蓉為妻那秦業至五旬之上方得了秦鍾因去歲業師亡故未暇
延請高明之士只得暫时在家溫習旧課正思要和親家去商議送往他家塾
中暫且不致荒廢可巧遇見了宝玉这个机会又知賈家塾中現今司塾的是
賈代儒乃当今之老儒秦鍾此去学業料必進益成名可望因此十分喜悦只

是官囊羞澁那賈家上〻下〻都是一双富貴眼睛容易拿不出来兒子的終身大事説不得東併西湊的恭〻敬〻封了二十四両贄見礼親自帶了秦鐘来代儒家拜見了然後宝玉上斈之日好一同入塾正是

早知日後閒争氣　豈肯今朝錯讀書

石頭記 第九回

脂硯齋重評石頭記卷之

第九回

戀風流情友入家塾　起嫌疑頑童鬧學堂

話說秦業父子專候賈家的人來送上學擇日之信原来宝玉急于要和秦鐘相遇却顧不得別的遂擇了後日一定上學後日一早請秦相公到我这里会齊了一同前去打發了人送了信至是日一早宝玉起来时襲人早已把書筆文物包好收什的停〻妥〻坐在床沿上發悶見宝玉醒来只得伏侍他梳洗宝玉見他悶〻的因笑問道好姐〻你怎庅又不自在了难到怪我上學去丢的你們冷清了不成襲人笑道这是那里話讀書是極好的事不然就潦倒一輩子終久怎庅樣呢但只一件只是念書的时節想着書不念的时節想自家些〻

別和他們一処頑鬧碰見老爺不是頑的雖說是奮志要強那工課寧可少些〻
一則貪多嚼不爛二則身子也要保重這就是我的意思你可要体量襲人說
一句宝玉应一句襲人又道大毛衣服我也包好了交出給小子們去了學里
冷好歹想着添換比不得家里有人照顧脚炉手炉的炭也交出去了你可着
他們添那一起懶賊你不說他們樂得不動白凍壞了你宝玉道你放心出外
頭我自己都会調停的你們也別悶死在這屋里長和林妹〻一処去頑笑着才
好說着俱已穿代齊備襲人催他去見賈母賈政王夫人等宝玉又去囑咐了
晴文麝月等几句方出来見賈母〻也未免有几句囑咐的話然後去見王
夫人又出来書房中見賈政偏生這日賈政回家早些正在書房中与相公清
客們閒談忽見宝玉進来請安回說上學里去賈政冷笑道你如果再提上學

兩个字連我也羞死了依我的話你竟頑你的去是正理仔細看站贓了我這的地
靠贓了我的門衆清客相公們都早起身笑道老世翁何必又如此今日世兄
一去三二年就可显身成名的了断不似往年仍作小兒之態了天也將飯時了
世兄竟快請罷說着便有兩个年老的攜了宝玉出去賈政因問跟宝玉的是
誰只听外面答应了兩声早進來三四个大漢打千兒請安賈政看時認得是
宝玉的奶母之子名喚李貴因向他道你們成日家跟他上斈他到底念了些
什庅書到念了些々流言混語在肚子里斈了些精致的淘氣等我閒一閒先揭
了你的皮再和那不長進的算賬嚇的李貴忙双膝跪下摘了帽子碰頭有声
連々答应是又回說哥兒已念到第三本詩經什庅呦々鹿鳴荷葉浮萍小的
不敢撒謊說的滿座閧然大笑起來賈政也掌不住笑了因說道那怕再念三

十本詩經也都是掩耳偷鈴哄人而已你去請李重太爺的安就說我說了什么詩經古文一槩不用虛应故事只是先把四書一氣講明背熟是最要緊的李貴忙荅应是見賈政無話方退出去此時宝玉独站在院外屏声静候待他們出来便忙忙的走了李貴等一面撣衣服一面說道哥兒听見了沒有可先要揭我們的皮呢人家的奴才跟主子賺些些好体面我們这等奴才白陪着挨打受罵的從此後也可怜見些才好宝玉笑道好哥哥你別委曲我明兒請你李貴道小祖宗誰敢望你請只求听一句半句話就有了說着又至賈母这边秦鍾已早来候着了賈母正和他說話兒呢于是二人見过辭了賈母宝玉忽想起未辭代玉因又忙至代玉房中来作辭彼时代玉才在窗下对鏡理粧听宝玉說上学去因笑道好这一去可定是要蟾宮折桂去了我不能送你了宝

玉道好妹〻等我下了学再吃飯和胭脂膏子也等我来再製劳叨了半日方、撤身去了代玉忙又叫住問道你怎広不去辞〻你宝姐〻呢宝玉笑而不答一逕同秦鍾上学去了原来这賈家之義學離此也不甚遠不过一里之遥原係始祖所立恐族中子弟有貧窮不能請師者即入此中肄業凡族中有官爵之人皆供給銀両按俸之多寡帮助為学中之費特共举年高有德之人為塾堂〔掌〕尊為訓課子弟如今宝秦二人来了一一的都互相拜見过讀起書来自此以後他二人同来同往同坐同起愈加親密又兼賈母愛惜也時常的留下秦鍾住上三天五日与自己的重孫一般疼愛因見秦鍾不甚寬裕更又助他些衣履等物不上一月之〔的〕工〔夫〕秦鍾在荣府便熟了宝玉終是不安本分之人竟一味的隨心所欲因此又發了癖性又特向秦鍾悄説道咱們両个人一樣的年紀況又是同窗以後不必論叔姪只論弟兄朋友就是了先是秦鐘不肯当不得宝玉不依只叫他兄弟或叫他的表字鯨卿秦鐘也得混自乱叫起来原來这学中多都是本族人丁与些ゝ親戚的子弟俗語說的好一龍生九種ゝゝ各别未免人多了就有龍蛇混雜下流人物在内自宝秦二人来了都生的花朶兒一般的模樣又見秦鐘腼腆温柔未語面先紅怯ゝ羞ゝ有女兒之風宝玉又是天生成慣能作小服低賠身下氣情性体貼話語綿纏因此二人更加親厚也怨不得那起同窓人起了疑背地裡你言我語詬誶淫議佈滿書房内外原来薛蟠自来王夫人処住後便知有一家学ゝ中廣有青年子弟不免偶動了龍陽之興因此也假来上学讀書不過是三日打魚兩日晒網白送些ゝ束修礼物与賈代儒却不曾有一些ゝ兒進益只圖結交些ゝ契弟誰想这学内就有好几

个小斈生圖了薛蟠的銀錢吃穿被他哄上手的也不消多記更又有兩个多情的小斈生亦不知是那一房的親眷亦未考真名姓只因生得嫵媚風流滿斈中都送了他兩个外号一号香憐一号玉愛虽都有窃慕之意將不利于孺子之心只是都惧薛蟠的威势不敢来沾惹如今宝秦二人一来了見了他兩个也不免綣繾羡慕亦因知係薛蟠相知故未敢輕斈妄動香玉二人心中也一般的留情与宝秦因此四人心中虽有情意只未発跡每日一入斈中四処各坐却八目勾留或設言托意或咏桑寓柳遥以心照却外面自為避人眼目不意偏又有几个滑賊看出形景来都背後擠眉弄眼或咳嗽揚声这也非止一日可巧这日代儒有事早已回家去了又留下一句七言对聯命斈生对了明日再来上書將斈中之事又命賈瑞暫且管理妙在薛蟠如今不大来斈中

座(應)卯了因此秦鐘趁此和香怜擠眉弄眼遞暗号兒二人假粧出小恭走至後院說梯己話秦鐘先問他家里的大人可管你交朋友不管一語未了只听背後咳嗽了一声二人唬的忙回頭看时原来是窗友名金荣者香怜有些性急羞怒相激問他道你咳嗽什庅难到不許我兩个說話不成金荣笑道你們說話难道不許我咳嗽不成我只問你們有話不明說許你們這樣鬼〻祟〻的幹什庅故事我可也拿住了还賴什庅先得讓我抽个頭兒偺們一声兒不言語不然大家就奮起来秦香二人急的飛紅的臉便問道你拿住什庅了金荣笑道我現拿住了是真的說着又拍着手笑嚷道貼的好燒餅你們都不買一个吃去秦鐘香怜二人又氣又急忙進去向賈瑞前告金荣說金荣無故欺負他兩个原来這賈瑞最是个圖便宜沒行止的人每在學中以公報私勒索子

弟們請他後又附助肖薛蟠圖些銀錢酒肉一任薛蟠横行覇道他不但不去管約反助紂為虐討好兒偏那薛蟠本是浮萍心性今日愛東明日愛西近来又有了新朋友把香玉二人又丢開一边就連金荣亦是当日的好朋友自有了香玉二人見棄于金近日連香玉亦已見棄故賈瑞也無了提攜帮襯之人不説薛蟠得新棄旧只恐香玉二人不在薛蟠前提攜帮補他因此賈瑞金荣等一干人也正在醋妒他兩个今見秦香二人来告金荣賈瑞心中便更不自在起来虽不好呵叱秦鐘却拿肖香怜作法反説他多事肖运搶白了几句香怜反討了沒趣連秦鐘也訕〻的各歸坐位去了金荣越發淂了意摇頭咂嘴的口内还説許多閒話玉愛偏又听了不忿兩个人隔座咕〻唧〻的角起口来金荣只一口咬定説方才明〻的撞見他兩个在後院子里親嘴摸屁股兩

个商議定了一对一肏撅艸棍兒抽長短誰長誰先幹金榮只顧得意乱說却
不防还有别人誰知早又觸怒了一个你道这个是誰原来这一个名喚賈薔
亦係寧府中之正派玄孫父母早亡從小兒跟自賈珍过活如今長了十六歲
比賈蓉生的还風流俊俏他弟兄二人最相親厚常相共処寧府人多口雜那
些ゝ不得志的奴僕們耑能造言誹謗主人因此不知又有什庅小人詬誶謠諑
之詞賈珍想亦風聞得些ゝ口声不大好自己也要避些嫌疑如今竟分与房舍
命賈薔搬出寧府自去立門戸过活去了这賈薔外相既美内性又聰明虽然
应名来上斈亦不过虚掩眼目而已仍是鬪鷄走狗賞花玩柳摠恃著上有賈珍
溺愛下有賈蓉匡助因此族人誰敢来觸逆于他ゝ既和賈蓉最好今見有人
欺負秦鐘如何肯依如今自已要挺身出来报不平心中且忖度一番想道金

荣賈瑞一干人都是薛大叔的相知向日我又与薛大叔相好倘或我一出頭
他們告訢了老薛我們豈不傷和氣待要不管如此謡言説的大家没趣如今
何不用計制伏又止息口声又傷不了臉面想畢也粧作出小恭走至外面悄
：的把跟宝玉的書童名唤茗烟者唤到身边如此这般調撥他几句这茗烟
乃是宝玉第一个得用的且又年輕不諳世事如今听賈薔説金荣如此欺負
秦鐘連他爷宝玉都干連在内不給他个利害下次越發狂縱难制了这茗烟
無故就要欺壓人的如今得了这个信又有賈薔助着便一頭進来找金荣也
不叫金相公了只説姓金的你是什広東西賈薔遂跺一跺靴子故意整：衣服
看：日影兒説是时候了遂先向賈瑞説有事要早走一步賈瑞不敢強他只
得随他去了这里茗烟先一把揪住金荣問道我們肏屁股不肏屁股管你𣫍

把相干横竪没爾你爹去就罢了你是好〻子出来動一動你茗大爷唬的滿屋
中子弟都怔〻的痴望賈瑞忙吆喝茗烟不得撒野金荣氣黄了臉説反了奴
才小子都敢如此我只和你主子説便奪手要去抓打宝玉秦鐘二人去尚未
去時從腦後搜的一声早見一方硯瓦飛来並不知係何人打来的幸未打着
却又打了傍人的座上这座上乃是賈蘭賈菌这賈菌亦係荣國府近派的重
孫其母亦少寡独守着賈菌这賈菌与賈蘭最好所以二人同桌而生誰知賈
菌年紀虽小志氣最大極是淘氣不怕人的他在座上冷眼看見金荣的朋友
暗助金荣飛硯来打茗烟偏没打着茗烟便落在他桌上正打在面前将一个
磁硯水壺打了个粉碎濺了一書黑水賈菌如何依得便罵好囚攮的們这不
都動了手了么罵着也便抓起硯磚来要打回去賈蘭是个省事的忙按住硯

極口劝道好兄弟不與偺們相干賈菌如何忍得住便兩手抱起書匣子来照那边掄了去終是身小力薄却掄不到那里剛到宝玉秦鐘桌案上就落了下来只听嘩啷∶一声砸在桌上書本紙片等至于筆硯之物撒了一桌又把宝玉的一碗茶也砸得碗碎茶流賈菌便跳出来要揪打那一个飛硯的金荣此时随手抓了一根毛竹大板在手地狹人多那里經得舞動長板茗烟早吃了一下乱嚷你們还不来動手宝玉还有三个小厮一名鋤藥一名掃紅一名墨雨这三个岂有不淘氣的一齐乱嚷小婦養的動了兵器了墨雨遂掇起一根門閂掃紅鋤藥手中都是馬鞭子蜂擁而上賈瑞急攔一回这个劝一回那个誰听他的話肆行大鬧衆頑童也有趁勢帮着打太平拳助樂的也有胆小藏在一边的也有直立在桌上拍着手兒乱笑喝着声兒叫打的登时間鼎沸起

来外边李貴等几个大僕人听見里边作起反来忙都進来一齐喝住問是何原故衆声不一这一个如此説那一个又如彼説李貴且喝罵了茗烟四个一頓攆了出去秦鐘的頭上早撞在金荣的板上打起一層油皮宝玉正拿褂襟子替他揉呢見喝住了衆人便命李貴收書拉馬来我去回太爷去我們被人欺負了不敢説別的守礼来告訴瑞大爷、：反倒派我們的不是听肖大家罵我們还調唆他們打我們茗烟連秦鐘的頭也打破这还在这里念什庅書茗烟他也是為有人欺負我的不如散了罢李貴劝道哥兒不要性急太爷既有事回家去了这会子為这点子事去聒噪他老人家倒显的咱們没理依我的主意那里的事情那里了結好何必去驚動他老人家这都是瑞大爷的不是太卩不在这里你老人家就是這學里的頭腦了衆人看着你行事衆人有

了不是該、打的打該、罰的罰如何等鬧到这步田地还不管賈瑞道我吆喝省
都不听李瑞貴笑道不怕你老人家惱我素日你老人家到底有些：不正經所以这
些：兄弟才不听、就鬧到太爺跟前去連你老人家也是脫不过的还不快作主
意撕羅開了罢宝玉道撕羅什庅我必是回去的秦鐘哭道有金榮我是不在
这里念書的宝玉道这是為什庅难道有人家来的偺們到来不得我必回明
白衆人攆了金榮去又問李貴金榮是那：一房的親戚李貴想了一想道也不
用問了若問起那一房的親戚更傷了兄弟們的和氣茗烟在窓外道他是東
胡同子里璜大奶：的侄兒那是什庅硬正仗腰子的也来唬我們璜大奶：
是他姑娘你那姑媽只会打旋磨子給我們璉二奶：跪着借当頭我眼里就
看不起他那樣的主子奶：李貴忙断喝不止說偏你这小𡤹的知道有这些：

蛆嚼宝玉冷笑道我只当是誰的親戚原来是璜嫂子的侄兒我就去問〻他
来説着便要走叫茗烟進来包書茗烟包着書又得意道爷也不用自己去見
等我到他家就説老太〻有説的話問他呢僱上一輛車拉進去当着老太〻
問他豈不省事李貴忙喝道你要死仔細回去我好不好先搥了你然後再回
老爷太〻就説宝玉全是你調唆的我这里好容易劝哄好了一半了你又来
生个新法子你鬧了学堂不説变法兒壓息了才是到要往大里鬧茗烟方不敢
作声兒了此時賈瑞也怕鬧大了自己也不干浄只得委曲着来央告秦鐘又
央告宝玉先是他二人不肯後来宝玉説不回去也罢了只叫金荣賠不是便
罢金荣先是不肯後来禁不得賈瑞也来逼他去賠不是李貴等只得好劝金
荣説原是你起的端你不这樣怎得了局金荣強不得只得与秦鐘作了揖宝

玉还不依偏定要磕頭賈瑞只要暫息此事又悄悄的劝金荣説俗語説的好
杀人不过頭点地你既惹出事来少不得下点氣兒磕个頭就完事了金荣無
奈只得進前来与宝玉磕頭且听下回分解

石頭記第十四

脂硯齋重評石頭記卷之

第十回

金寡婦貪利權受辱　張太醫論病細窮源

話説金荣因人多势衆又兼賈瑞勒令陪了不是給秦鐘磕了頭宝玉方才不吵鬧了大家散了學金荣回到家中越想越氣説秦鐘不过是賈蓉的小舅子又不是賈家的子孫附學讀書也不過和我一樣他因仗着宝玉和他好他就目中無人他既是這樣就該行些正經事人也没的説他素日又和宝玉鬼〻祟〻的只當人都是瞎子看不見今日他又去勾搭人偏〻的撞在我眼睛里就是鬧出事来我還怕什麽不成他母親胡氏听見他咕〻嘟(唧)〻的説因問道你又要增(做)什麽閒事好容易我望你姑媽説了你姑媽千方百計的才向他們

西府里的璉二奶〻跟前説了你才得了这个念書的地方若不是仗着人家
偺們家里还有力量請的起先生况且人家斈里茶也是現成的飯也是現成
的你这二年在那里念書家里也省好大的嚼用呢省出来的你又愛穿件鮮
明衣服再者不是因你在那里念書你就認得什庅薛大爺了那薛大爷一年
不給〻〻这二年也帮了偺們有七八十両銀子你如今要鬧出了这个斈房
再要找這庅个地方我告訴你説罷比登天的还难呢你給我老〻寔〻的頑
一会子睡你的覺去好多着呢于是金荣忍氣吞声不多一时他自去睡了次
日仍旧上斈去了不在話下且説他姑娘原聘給的是賈家玉字輩的嫡派名
唤賈璜但其族人那里皆能像寧榮二府的富勢原不用細説这賈璜夫妻守
着些小的産業又时常到寧榮二府里去請〻安又会奉承鳳姐兒并尤氏所

以所鳳姐兒尤氏也时常資助〻〻他方能如此度日今日正遇天氣晴明又值家中無事遂帶了一个婆子坐上車来家里走〻瞧〻寡嫂並侄兒閑話之間金荣的母親偏提起昨日賈家亭房里的那事從頭至尾一五一十都向他小姑子說了这璜大奶〻不听則已听了一时怒從心上起說道这秦鍾小崽子是賈門的親戚难道荣兒不是賈門的親戚人都别特勢利了况且都作的是什庅有臉的好事就是宝玉也犯不上向着他到这个樣等我去到東府瞧〻我們珍大奶〻再向秦鍾他姐〻說〻叫他評〻这个理这金荣的母親听了这話急的了不得忙說道这都是我的嘴快告訴了姑奶〻了求姑奶〻别去别管他們誰是誰非倘或鬧起来怎庅在那里站得住若是站不住家里不但不能請先生反到在他身上添出許多嚼用来呢璜大奶〻听了說道那里

曾得許多你等我説了看是怎庅様也不容他嫂子劝一面叫老婆子瞧了車就坐上往寧府里来到了寧府進了車門到了東边小角門前下了車進去見了賈珍之妻尤氏也未敢氣高殷〻勤〻叙过寒温説了些閒話方問道今日怎庅沒見蓉大奶〻尤氏説道他这些〻日子不知是怎庅首經期有兩个多月沒来叫大夫瞧了又説並不是喜那兩日到了下半天就懶待動説話也懶待眼神也發眩我説他你且不必拘礼早晚不必照例上来你就好生養〻罢就是有親戚一家兒来有我呢就有長輩們怪你等我替你告訴連蓉哥我都囑咐了我説你不許勒掯他不許招他生氣叫他静〻的養〻就好了他要想什庅吃只管到我这里取来倘或我这里沒有只管望你璉二婶子那里要去倘或他有个好合歹你再要娶这庅一个媳婦这庅个模樣兒这庅个性情的人

兒打省灯籠也沒地方找去他这為人行事那个親戚那个一家的長輩不喜
欢他所以我这兩日好不煩心焦的我了不得偏〻今日早晨他兄弟来瞧他
誰知那小孩子家不知好歹看見他姐〻身上不大爽快就有事也不当告訴
他别說是这庅一点子小事就是你受了一万分的委曲也不該向他說才是
誰知他們昨兒斈房里打架不知是那里附斈来的一个人欺負了他了里頭
还有些〻不乾不浄的話都告訴了他姐〻嬸子你是知道那媳婦的虽則見了
人有說有笑会行事兒他可心細心又重不拘听見个什庅話兒都要度量个
三日五夜才罢这病就是打这个秉性上頭思慮出来的今兒听見有人欺負
了他兄弟又是惱又是氣惱的是那群混賬狐朋狗友的扯是搬非調三惑四
的那些〻人氣的是他兄弟不斈好不上心念書以致如此斈里吵鬧他听了这

事今日索性連早飯也沒吃我听見了我方到他那边安慰了他一会子又劝
觧了他兄弟一会子我叫他兄弟到那边府里找保玉去了我才看自他吃了
半盞燕窝湯我才过来了嬸子你說我心焦不心焦况且如今又沒个好大夫
我想到他这病上我心里到像針扎是的你們知道有什広好大夫沒有金氏
听了这半日話把方才在他嫂子家的那一團要向秦氏理論的盛氣早嚇的都
丢在爪洼國去了听見尤氏問他有知道的好大夫的話連忙荅道我們这広
听自寔在也沒見人說有个好大夫如今听起大奶：这个来定不得还是喜
呢嫂子到别教人混治倘或認錯了这可是了不得的尤氏道可不是呢正是
說話間賈珍從外進来見了金氏便向尤氏問道这不是璜大奶：広金氏向
前給賈珍請了安賈珍向尤氏說道讓这大妹：吃了飯去賈珍說自話就过

那屋里去了金氏此来原要向秦氏說：秦鐘欺負了他兄弟之事听見秦氏
病不但不能說亦且不敢提了况且賈珍尤氏又待的狠好反轉怒為喜又說
了一会子話兒方家去了金氏去後賈珍方过来坐下問尤氏道今日他来有
什庅說的事情庅尤氏荅道到没說什庅一進来的时候臉上到像有些：着了
惱的氣色是的及說了半天話又提起媳婦这病他到漸：的氣色平定了你
又叫讓他吃飯他听見媳婦这庅病也不好意思只管坐着又說了几句閒話兒
就去了到没求什庅事如今且說媳婦这病你到那里尋一个好大夫来与他
瞧：要緊可別躭悞了現今偺們家走的这羣大夫那里要得一个都是听着
人的口氣兒人怎庅說他也添几句文話兒說一遍可到殷勤的狠三四个人
一日輪流着到有四五遍来看脉他們大家商量着立个方子吃了也不見效

到美得一日换四五遍衣裳坐起来見大夫其寔于病人無益賈珍説道可是这孩子也糊塗何必脱：换：的倘再肖了凉更添一層病那还了得衣裳任憑是什庅好的可又值什庅孩子的身子要緊就是一天穿一套新的也不值什庅我正進来要告訴你方才馮紫英来看我他見我有些抑欝之色問我是怎庅了我才告訴他説媳婦忽然身子有好大的不爽快因為不得个好太醫断不透是喜是病又不知有妨碍無妨碍所以我这両日心里自寔自急馮紫英因説起他有一个幼时從学的先生姓張名友士学問最淵博的更兼醫理極深且能断人的生死今年是上京給他兒子来捐官現在他家住肖呢这庅看来正是合該媳婦的病在他手里除災亦未可知我即刻差人拿我的名帖請去了今日倘天晚了若不能来明日想来一定来況且馮紫英又即刻回家

親自去求他務必叫他来瞧々等这个張先生来瞧了再説罢尤氏听了心中
甚喜因説道後日是太爷的壽日到底怎麽辦賈珍説道我方才到了太爷那
里去請安兼請太爷来家来受一受一家子的礼太爷因説道我是清净慣了
的我不愿意往你們那是非塲中去鬧去你們必定説是我的生日要叫我去
受衆人些々頭莫过你把我從前註的陰隲文給我令人好々的寫出来刻了比
叫我無故受衆人的頭还強百倍呢倘或後日这两日一家子要来你就在家
里好々的欵待他們就是了也不必給我送什麽東西来連你後日也不必来
你要心中不安你今日就給我磕了頭去倘或後日你要来又跟隨多少人鬧
我々必和你不依如此説了又説後日我是再不敢去的了且叫来升来吩咐
他預備两日的筵席尤氏因叫人叫了賈蓉来吩咐来昇照旧例預備两日的

筵席要豐々富々的你再親自到西府裡去請老太々大太々二太々和你璉二嬸子來瞧々你父親今日又听見一个好大夫業已打發人請去了想必明日必來你可將他這些日子的病症細々的告訴他賈蓉一々的答应着出去了正遇着方才去馮紫英家請那（張）先生的小子回來了因回道奴才方才到了馮大爺家拿了老爺的名帖請那先生去那先生說道方才這里大爺也向我說了但是今日拜了一天的客才回到家此時精神實在不能支持就是去到府上也不能看脉他說等調息一夜明日務必到府他又說他醫學淺薄本不敢当此重薦因我們馮大爺和府上的大人既已如此說了又不得不去你先替我回明大人就是了大人的名帖實不敢当仍叫奴才拿回來了哥兒替奴才回一声兒罷賈蓉轉身復進去回了賈珍尤氏的話方出來叫了來昇來吩

咐他預偹兩日的筵席的話来昇听畢自去照例料理不在話下且說次日午
間人回道請的那張先生来了賈珍遂延入大𠫊坐下茶畢方開言昨承馮大爷
示知老先生人品学問又兼深通醫学之至小弟不勝欣仰張先生道晚生粗
鄙下士本知見淺陋昨因馮大爷示知大人家第謙恭下士又承呼喚敢不奉
命但毫無寔学倍增顏汗賈珍道先生何必过謙就請先生進去看〻兒婦仰
仗高明以釋下怀于是賈蓉同了進去到了賈蓉居室見了秦氏向賈蓉說道
这就是尊夫人了賈蓉道正是請先生坐下讓我把賤内的病說一說再看脉
如何那先生道依小弟的意思竟先看过脉再說的為是我是初造尊府的本
也不曉得什庅但是我們馮大爷務必叫小弟过来看〻小弟所以不得不来
如今看了脉息看小弟說的是不是再將這些日子的病勢講一講大家斟酌

一ケ方兒可用不可用那时大爷再定之尊貴荅道先生实在高明如今恨相見
之晚就請先生看一看脉息可治不可治以便使家父母放心于是家下媳婦
們捧过大迎枕来一面給秦氏拉着袖口露出脉来先生方伸手按在右手脉
上調息了至数寧神細胗了有半刻的工夫方换过左手亦復如是胗畢脉息
說道我們外边坐罷賈蓉于是同先生到外間房里床上坐下一ケ婆子端了
茶来賈蓉道先生請茶于是陪先生吃了茶遂問道先生看这脉息还治得治
不得先生道看得尊夫人这脉息左寸沉数左関沉伏右寸細而無力右関需
而無神其左寸沉数者乃心氣虚而生火左関沉伏者乃肝家氣滞血虧右寸
細而無力者乃肺經氣分太虚右関需虚而無神者乃脾土被肝木尅治心氣虚
而生火者应現經期不調夜間不寐肝家血虧氣滞者必然肋下疼脹月信过

期心中發熱肺經氣分太虛者頭目不時眩暈寅卯間必然自汗如坐舟中脾土被肝木剋制者必然不思飲食精神倦息四肢酸軟据我看这脉息应当有這些症候才对或以这个脉為喜脉則小弟不敢從其教也傍边一个貼身扶侍的婆子道何嘗不是这樣呢真正先生說的如神到不用我們告訴了如今我們家里現有好几位太醫老爺瞧着呢都不能的当真切的这应說有一位說是喜有一位說是病这位說不相干那位說怕冬至据没有个准話兒求老爺明白指示〻那先生笑道大奶〻这个症候可是那眾位耽擱了要在初次行經的日期就用藥治起来不但断無今日之患而且此时已全愈了如今既是把病耽悞到这个地位也是应有此灾依我看来这病尚有三分治得吃了我的藥看若是夜里睡的自覓那时又添了二分拿手了据我看这脉息大奶

奶是個心性高強聰明不過的人聰明特過則不如意事常有不如意事常有則思慮太過此病是憂慮傷脾肝木特旺經血所以不能按時而至大奶奶從前的行經的日子問一問斷不是常縮必是常長的是不是這婆子答道可不是從沒有縮過或是長兩日三日以至十日都長过先生听了道妙啊這就是病源了從前若能彀以養心調經之藥服之何至於此這如今明顯出一箇水虧木旺的症候来待用藥看看於是寫了方子遞與賈蓉上寫的是

益氣養榮補脾和肝湯

人參二錢　白朮二錢土炒　雲苓三錢　熟地四錢　歸身二錢酒洗

白芍二錢炒　川芎錢半　黃芪三錢　香附米二錢製　醋柴胡八分

懷山藥二錢炒　真阿膠二錢蛤粉炒　延胡索錢半酒炒　炙甘艸八分

引用建蓮子七粒去心 紅棗二枚

賈蓉看了說高明的狠还要請教先生这病與性命終久有妨無妨先生笑道大爺是最高明的人﹕病到这ケ地位非一朝一夕的症候吃了這藥也要看醫緣了依小弟看来今年一冬﹕是不相干的揔是过了春分就可望全愈了賈蓉也是ケ聪明人也不往下細問了于是賈蓉送了先生去了方将这藥方子並脉案都給賈珍看了說的話也都回了賈珍並尤氏了尤氏向賈珍說道從来大夫不相他說的這庅痛快想必用的藥也不錯賈珍道人家原不是混飯吃久慣行醫的人因為馮子英我們好他好容易求了他来了既有这ケ人媳婦的病或者就能好了他那方子上有人參就用前日買的那一斤好的罢賈蓉听畢話方出来吽人打藥去煎給秦氏吃不知秦氏服了此藥病勢如何下

四分解